Garten
TAGEBUCH

Christel Rupp

Garten TAGEBUCH

Arbeits- und Notizbuch
für das ganze Jahr

blv

Inhalt

Inhalt

Vorwort

Gerade als ich begann diesen Gartenkalender zu schreiben, fiel mir zufällig ein Artikel der englischen Gartenautorin Ursula Buchan in die Hände. Darin spottet sie, dass Gartenjournalisten ihren Leserinnen und Lesern Monat für Monat eine ganze Liste von Arbeiten zumuten und sie damit um die wenigen Mußestunden im Garten bringen.

Dies ist ganz und gar nicht die Absicht dieses Tagebuchs. Der Kalender soll Ihnen die Planung erleichtern und einen Überblick verschaffen über das, was zwischen Januar und Dezember wirklich wichtig ist. Gleichzeitig liefert er viele Anregungen zum individuellen Umgang mit dem Garten. Denn jeder, der gärtnert, hat eigene Vorstellungen. Selbst das Rosenbeet, die Fuchsiensammlung oder der Gemüsegarten sind Ausdruck der persönlichen Vorlieben und der eigenen Kreativität. Es lohnt sich deshalb, öfter mal einen Blick »über den Zaun« zu werfen. Lassen Sie sich inspirieren – sei es beim Besuch einer Ausstellung, einem Tag der Offenen Gartentür, einer großen Gartenreise oder einfach beim Erfahrungsaustausch mit dem Nachbarn.

Ob Sie nach Gefühl gärtnern oder vor jeder Umgestaltung oder Neuanlage eine exakte Bestandsaufnahme machen, spielt dabei keine Rolle. Eine leidenschaftliche Gärtnerin, die für ihre nach englischem Muster gestalteten Staudenbeete schon mehrere Preise eingeheimst hat, gestand mir, dass von ihrem Garten kein einziger Plan, ja nicht einmal eine grobe Skizze existiert. Die Besitzerin eines mehrere tausend Quadratmeter großen Nutz- und Ziergartens führt dagegen sorgfältig Buch über fast jede neu gekaufte Pflanze. Ihre Aufzeichnungen über Sorteneigenschaften, Standort, Pflegeansprüche und Blühzeitpunkt füllen inzwischen mehrere Ordner. Doch beide gehen nie ohne Bleistift und Notizblock aus dem Haus. Denn selbst die genialsten Einfälle sind im Alltagstrubel schnell wieder vergessen. Beinahe unmöglich ist es, sich die vielen fantasievollen Sortennamen oder botanischen Bezeichnungen zu merken. Ebenso schnell verblasst die Erinnerung an besondere Ereignisse wie den ungewöhnlich späten Frosteinbruch im letzten Jahr, den spärlichen Bienenflug zur Zeit der Obstblüte, eine besonders üppige Ernte oder die extreme Läuseplage im Frühsommer.

Für all das ist am Ende jedes Kapitels ein nach verschiedenen Schwerpunkten gegliederter Notizteil vorgesehen, in dem Sie die monatlichen Tipps um eigene Beobachtungen, Erfahrungen, aber auch um Ideen und Wünsche erweitern und ergänzen können. Und es ist genug Platz für kleine Skizzen, Bezugs-Adressen und viele andere wichtige Vermerke. So wird das Tagebuch im Laufe der Zeit zu Ihrem ganz persönlichen Garten-Nachschlagewerk.

Viel Erfolg und vor allem viel Spaß wünscht Ihnen dabei

Christel Rupp

Januar

»Werden die Tage länger,
wird der Winter strenger«

Januar

Pläne schmieden für das neue Gartenjahr

Am Anfang eines jeden Gartenjahres stehen viele Wünsche und Ideen. Selbst erfahrene Gärtner lassen sich von den Neuheiten in Zeitschriften und Katalogen verführen und neigen dazu, mehr zu bestellen, als sie jemals säen oder pflanzen können. Doch oft sind es ganz andere Dinge, die das Werkeln im Garten so spannend machen: die selbst vermehrten Hortensien, auch wenn sie zartrosa statt, wie erwartet, kobaltblau blühen, die Lilie aus den Samenkapseln, die man im Sichtungsgarten einer Staudengärtnerei heimlich in die Jackentasche gesteckt hat, oder der liebevoll gehegte Ableger einer besonderen Fuchsiensorte vom Fensterbrett der Nachbarin. Und wer jemals Schaufel für Schaufel dunkle Komposterde

umgeschichtet oder mit spitzen Fingern zarte Sommerblumenkeimlinge pikiert hat, weiß, es geht um Leidenschaft. Das individuelle Paradies entsteht nicht von heute auf morgen, es entwickelt sich mit den Besitzern, spiegelt Veränderungen ihres Lebens wider, durchläuft Jugend, Reife und Alter. In jeder dieser

> *Ich habe nach einem Garten gefragt, nach jenem Kunstwerk, von dem Kant gesagt hat, dass es das Vollkommenste überhaupt wäre. Ich habe nach dem Garten Petrarcas gefragt, nach Orsinis heiligem Wald, nach Le Nôtres Vaux und Lancelot Browns arkadischen Landschaften, nach Müllers Gartenzwergen und Meiers Pflanzensammlung.*
> DIETER KIENAST

Neuschnee verzaubert den winterlichen Garten. Jetzt ist die beste Zeit, um Veränderungen zu planen.

Phasen gibt es andere Herausforderungen. Die schönsten Gärten sind nicht perfekt, sondern wahrhaftig.

Frostschäden verhindern

Der Januar beginnt in vielen Jahren mit der so genannten »Neujahrskälte«. Auf die meist kurze Kältewelle folgt schon eine kurze Wärmeperiode, im letzten Monatsdrittel drohen die tiefsten Temperaturen des ganzen Winters. Liegt reichlich Schnee, kann der Frost den Pflanzen nichts anhaben. Die Bauern wussten das und Wetterregeln wie »Januar ganz ohne Schnee tut Bäumen, Bergen und Tälern weh« beziehen sich darauf. Wo die schützende Schneedecke fehlt, brauchen die Pflanzen viel mehr Fürsorge. Am meisten Schaden erleiden **junge Zier- und Obstgehölze** gerade beim Wechsel zwischen sonnigen Wintertagen und eiskalten, sternklaren Nächten. Die Knospen und Triebspitzen verdorren, die dünne Rinde reißt. Ein Mantel aus Tannen- oder Fichtenreisig beschattet die oberirdischen Pflanzenteile und verhindert eine zu starke Erwärmung. Kontrollieren Sie bei den Beet- und Strauchrosen unbedingt, ob die Veredelungsstelle noch mit Erde bedeckt ist. Zum Anhäufeln eignen sich Reifkompost oder einfache Gartenerde besser als Torf. Das poröse Material saugt sich mit Wasser voll und friert an der Rinde fest. Rosenbäumchen schützt eine Krone aus eng zusammengebundenen Hasel- oder Weidenruten, die mit Laub oder Stroh ausgestopft wird. Das Stämmchen erhält einen Rock aus Tannen- oder Fichtenreisig.

Die Zaubernuss blüht ab Januar. Die bronzeroten Blüten der Sorte 'Feuerzauber' trotzen Eis und Frost.

Duftsträucher für den Winter

Die meisten Arten der **Zaubernuss** oder Hexenhasel *(Hamamelis)* blühen erst in ein paar Wochen – doch es gibt eine bemerkenswerte Ausnahme: Die Sorte 'Feuerzauber'

Wintergrüne im Kübel wässern

Buchs, Bambus, Skimmie, Glockenheide und Kirschlorbeer brauchen an frostfreien Tagen Wasser. Untergelegte Holzklötzchen verhindern, dass Terrakottatöpfe festfrieren.

gehört zu den allerfrühesten Winterblühern und trägt bronzerote, süß duftende Blüten. Die kräuselig gedrehten Blütenblätter rollen sich bei Kälte ein und öffnen sich erst wieder, wenn es wärmer wird. **»Wintersweet«** *(Chimonanthus praecox)* nennt man in England einen Strauch mit wirklich betörendem Parfum. Der deutsche Name **»Winterblüte«** verharmlost völlig, was die hellgelben Blüten mit purpurfarbener Mitte der Nase zu bieten haben. Und wenn Sie sich jetzt schon nach Veilchenduft sehnen, sollten Sie dem winterblühenden **Geißblatt,** *Lonicera × purpusii* 'Winter Beauty' einen Platz nah an der Terrasse geben. Ähnlich süß duften **Winterjasmin** *(Jasminum nudiflorum),* **Winterschneeball** *(Viburnum × bodnantense),* winterblühender **Duftschneeball** *(Viburnum farreri)* und die **Mahonia**-Hybride 'Windsun' *(Mahonia × media).* Die **Himalaya-Scheinhasel** *(Corylopsis himalayana)* verbreitet Primelduft und die aus China stammende *Forsythia giraldiana* riecht angenehm würzig nach Bourbonvanille.

Die Frühlings-Küchenschelle stammt aus dem Alpenraum. Sie braucht zum Keimen einen Kältereiz.

Manche mögens lieber kühl

Nicht nur Alpenpflanzen, auch Gartenblumen wie Akelei, Astilbe, Glockenblume, Frauenmantel, Fingerhut, Eisenhut, Phlox, Ranunkel, Sonnenhut, Tränendes Herz und Trollblume gehören zu den Kaltkeimern.

Neues Leben aus der Kälte

Viele Steingartenpflanzen, wie der aus den Bergregionen stammende Scheinmohn oder die Küchenschelle, gehören zu den **Kalt- oder Frostkeimern.** Sie alle benötigen nach der Aussaat nochmals eine Ruhepause bei Temperaturen um den Gefrierpunkt. Stellen Sie Anzuchtschalen oder -töpfe gleich nach der Aussaat zum Vorquellen in einen kühlen Raum und bedecken Sie die Gefäße mit durchsichtiger Folie. Nach etwa einer Woche brauchen die Samen einen Kältereiz. Die Töpfe und Schalen werden ins Frühbeet umquartiert oder unter einem großen Strauch flach eingegraben. Wichtig ist, dass sie vor Sonneneinstrahlung geschützt sind. Je nach Witterungsverlauf beginnen die Samen nach sechs bis acht Wochen zu keimen. Erst im zeitigen Frühjahr pflanzt man die jungen Stauden in kleinen Gruppen an ihren endgültigen Platz im Garten. Den Winter in der Tiefkühltruhe zu simulieren gelingt übrigens nicht: Die Samen erfrieren, weil die Temperaturabsenkung viel zu rasch verläuft.

Fruchtfolge und Mischkultur im Gemüsegarten planen

Ein Anbauplan lohnt sich gerade dann, wenn die Anbaufläche für Salat, Gemüse und einjährige Kräuter begrenzt ist. Als Grundregel für die Fruchtfolge gilt: Gemüsearten mit langer Kulturdauer wie Kohlarten, Mangold, Rote Bete und Sellerie dürfen frühestens nach drei bis vier Jahren wieder an dieselbe Stelle. Das betrifft auch alle Arten aus derselben Pflanzenfamilie! Eine vielseitige Mischkultur sichert die Vielfalt im Beet und hält Schädlinge fern. Beides unter einen Hut zu bekommen ist nicht ganz einfach, aber es muss auch keine Wissenschaft daraus werden. Je abwechslungsreicher Sie Ihre Lieblingsgemüse kombinieren, desto mehr Planungsfreiheit können Sie sich zugestehen. Und – bleiben Sie großzügig, bemessen Sie den Platz für die einzelnen Arten nicht zu knapp. Wer zunächst ein paar Reihen ungenutzt lässt, schafft Raum für spontane Einfälle!

Das Samen-Sammelsurium auf Keimfähigkeit prüfen

Haben Sie noch Saatgut aus dem letzten Jahr übrig? Die meisten Gemüse- und Blumensamen bleiben bei kühler, trockener Lagerung mindestens drei bis vier Jahre keimfähig. Sind die Lagerbedingungen nicht optimal, nimmt die Keimfähigkeit schneller ab. Im Zweifelsfall hilft eine Keimprobe. Dazu zählt man eine bestimmte Anzahl Körner ab: Bei den größeren Samen von Gurken, Kürbis oder Kapuzinerkresse genügen zehn, von den kleinen Salat-

Bei kühler und trockener Lagerung kann man Saatgut lange aufbewahren. Beschriften nicht vergessen!

oder Möhrensamen braucht man 25 oder 50 Stück. Drücken Sie die »Dicken« in eine mit Sand oder Aussaaterde gefüllte Schale, die »Winzlinge« keimen auch zwischen zwei Lagen Küchenpapier. Wichtig ist, dass die Samen anschließend ständig feucht gehalten werden. Keimt nur noch die Hälfte, muss man später doppelt so dicht säen. Bei einer noch geringeren Keimfähigkeit lohnt der Anbau schon deshalb nicht mehr, weil die Samenanlage so viel

Restbestände nicht gleich wegwerfen

Nur ein bis zwei Jahre keimfähig bleiben Bohnenkraut, Dill, Pastinaken, Schnittlauch und Schwarzwurzeln. Fenchel, Petersilie, Porree, Möhren und Zwiebeln halten knapp drei Jahre durch. Tomaten, Paprika und Kürbis keimen auch noch nach fünf Jahren.

Januar

an Vitalität eingebüßt hat, dass sich auch die Pflanzen nur noch zögerlich entwickeln.

Kräuterspirale – Wunschklima für viele Arten

Eine Kräuterspirale ist ein attraktiver Blickfang im Garten. Die kalte Jahreszeit bietet sich geradezu an für das schweißtreibende Steine-

schleppen. Außerdem bleibt jetzt noch genügend Zeit, um die nötige Fachliteratur zu wälzen. Schon im März können die ersten Kräuter gepflanzt werden, dann ist das Angebot besonders groß und bis dahin hat sich die Erde auch ausreichend abgesetzt. An welcher Stelle des Garten ein solches Bauwerk am besten passt, muss gut überlegt werden. Schichten Sie probeweise ein paar Mauerfragmente auf. Zu klein darf die Spirale nicht werden, als Faustregel gilt ein Mindestdurchmesser von drei Metern.

Bäume verpflanzen

Allein der Wille versetzt angeblich Berge. Warum also sollte es mit Sträuchern oder Bäumen nicht klappen, auch wenn diese das Jugend-

Die Spiralform macht es möglich: Von Brunnenkresse bis Ysop wachsen alle Arten auf engstem Raum.

Januar

alter längst hinter sich haben? Der Januarfrost leistet wertvolle Hilfe, zunächst muss jedoch an einem milden Tag der Wurzelballen großzügig freigelegt werden. Wässern Sie ihn anschließend gründlich, aber so, dass die Erde dabei nicht abgeschwemmt wird. Danach füllt man den Graben rund um den Ballen mit lockerer Laub- oder Komposterde auf. Auch am zukünftigen Standort muss die Pflanzgrube vorbereitet werden. Nun heißt es warten und auf den nächsten Kälteeinbruch hoffen. Erst wenn der Wurzelballen völlig durchgefroren ist, lockert man mit dem Spaten das Füllmaterial und hebt das Gehölz mitsamt dem Eiskloß heraus. Je nach Größe können ein paar kräftige Helfer dabei nicht schaden. Nach dem Einsetzen am neuen Standort füllt man die Pflanzgrube mit einer Mischung aus Kompost und Gartenerde auf und deckt den Boden rund um den Stamm mit Laub ab. Wichtig: Bei Bäumen den Pflanzpfahl nicht vergessen. Sobald der Boden offen ist, ausgiebig wässern!

Balkonpflanzen im Winterlager brauchen Pflege

Wenn Balkonblumen wie Sommermyrte, Fuchsien oder Pelargonien im Keller überwintern, müssen sie mit ziemlich ungünstigen Bedingungen klarkommen, oft stehen sie zu dunkel und häufig auch zu warm. Damit sie in ihrer Entwicklung nicht allzu weit zurückgeworfen werden, sind jetzt ein paar Pflegearbeiten dringend nötig. Zunächst werden alle trockenen Blätter und Stängelteile entfernt. Ein mutiger Rückschnitt regt die Pflanzen zu neuem Wachstum an. Stellen Sie Töpfe und Kästen anschließend möglichst hell, aber weiterhin kühl. Ein organischer Flüssigdünger, zunächst noch ziemlich schwach dosiert, fördert den Austrieb. Mäßiges Gießen und häufiges Übersprühen mit kalkarmem Wasser verschafft den Pflanzen bis zum Beginn der Balkonsaison den erwünschten Vorsprung.

Wichtig im Januar

- Kübelpflanzen im Winterlager auf Schädlinge, vor allem auf den Befall durch Schild- und Wollläuse kontrollieren und bei Befall ein Insektizid einsetzen.

- Zu dicht gewachsene sommer- und herbstblühende Ziersträucher jetzt auslichten. Frühjahrsblüher dürfen erst nach der Blüte beschnitten werden!

- Clematis, die ausschließlich im Sommer blühen, werden jetzt auf 20 bis 50 Zentimeter über dem Erdboden zurückgeschnitten. Nur einen leichten Rückschnitt erhalten Sorten mit zweimaliger Blüte.

- An sonnigen Tagen Spalierobst mit Sackleinen, Gartenvlies oder Schattiernetzen vor zu starker Erwärmung schützen.

- Noch bis Mitte Januar lohnt sich die Anzucht von Petersilie und Schnittlauch am hellen Küchenfenster.

- Für Nachzügler: Frühjahrsblühende Blumenzwiebeln können bei mildem Wetter noch nachgepflanzt werden. Die Blüte setzt aber etwas später ein.

- Die schmutziggrünen Sitka-Fichtenläuse werden schon im Januar aktiv und können jetzt durch eine Austriebsspritzung bekämpft werden.

Januar

Blüte, Blatt und Frucht   Blumen, Rosen, Gehölze

Krankheiten und Schädlinge

Januar

Blick über den Zaun   Tipps aus fremden Gärten

Pläne, Wünsche, Ideen

Februar

»Im Februar zu viel Sonn am Baum
lässt dem Obst keinen Raum«

Februar

Lichtmess im Klee – Ostern im Schnee

Es geht aufwärts, ab jetzt werden die Tage spürbar länger. Ursprünglich war der zweite Februar, der vierzigste Tag nach Weihnachten, der keltischen Göttin Brigit geweiht. Sie aktiviert die Kräfte der Intuition und der Inspiration und erweckt die Fähigkeit, innere Bilder in die Tat umzusetzen. Eine Göttin also, wie geschaffen für alle, die jetzt die Gestaltung der Beete und die Bepflanzung von Töpfen und Rabatten für dieses Jahr planen und dabei ihre Träume mit dem Sinn für das Machbare verbinden müssen.

Blühende Weidenkätzchen sind ein untrügliches Zeichen – nun zieht endlich der Frühling ins Land.

Der Kalender der Natur

Schneeglöckchen und gelbe **Haselkätzchen** signalisieren: Der Vorfrühling hat begonnen. Von den Tälern bis in die Höhenlagen kann der zeitliche Unterschied, mit dem dieses lang ersehnte Ereignis eintritt, bis zu sechs Wochen betragen. Genauer als jeder astronomische Kalender zeigt die Entwicklung von Bäumen, Sträuchern und Blumen, wann die Zeit für die Vorbereitung der Beete oder die Aussaat der ersten Salate ins Frühbeet gekommen ist. Eigene Beobachtungen und Notizen sind dabei besonders wertvoll, denn sie ermöglichen eine ziemlich genaue Einschätzung der regionalen Bedingungen. Blühen **Salweide** und **Forsythien,** können Sie Hacke und Rechen aus dem Schuppen holen und die ersten Beete vorbereiten. Sobald sich die **Apfelblüten** öffnen, müssen Paprika und Zucchini vorkultiviert werden und im Freiland wird es Zeit für die Saat von Radieschen, Karotten und Erbsen. Blühender **Holunder** zeigt, bald zieht der

Sommer ins Land, im Ziergarten hat die Staudenpflege Vorrang und der Heckenschnitt sollte auch nicht mehr lange aufgeschoben werden. **Madonnenlilie** und **Johanniskraut** haben ihren großen Auftritt im Hochsommer und mahnen: Schon werden die Tage wieder kürzer, die letzten Saat- und Pflanztermine im Gemüsegarten rücken näher. Entfalten die ersten **Herbstzeitlosen** ihre lila Kelche, ist es schon wieder Zeit, die Tulpenzwiebeln zu stecken. Wenn **Brombeeren** und **Hagebutten** reifen, beginnt die Pflanzsaison für Obst- und Ziergehölze. Strahlen die **Lärchen** goldgelb in der Herbstsonne, sollte man alle kälteempfindlichen Pflanzen ins Winterquartier bringen. Fällt nach den ersten Nachtfrösten das Laub der **Rosskastanien,** ist das Jahr für Gärtner unwiderruflich zu Ende.

Die Frühlingsknotenblume, besser bekannt als Märzenbecher, bringt dichte Büschel weißer Glockenblüten hervor.

Märzenbecher im Februar

Der Märzenbecher führt uns ein wenig an der Nase herum. Die **Frühlingsknotenblume** blüht vielerorts bereits im Februar, oft sogar noch vor den Schneeglöckchen. Die Ablösung folgt auf dem Fuße: Die **Sommerknotenblume,** auch Sommertürchen genannt, bezaubert im April, lediglich die Herbstknotenblume, der späteste Vertreter diese Art, hält sich an die ihr zugewiesene Jahreszeit und zögert ihre Blüte bis in den September hinaus. Nach der Blüte lassen sich die Knotenblumen wie die Schneeglöckchen leicht durch Teilung vermehren. Märzenbecher und Sommerknotenblume pflanzt man in den Halbschatten an den Gehölzrand, die Herbstknotenblume will dagegen einen möglichst sonnigen Platz.

Ein Teppich aus Winterlingen

Winterlinge *(Eranthis hyemalis)* säen sich selbst aus und bilden dort, wo sie sich ungestört vermehren können, innerhalb weniger Jahre einen goldgelben Blütenteppich. Den Ausbreitungsdrang sollte man unterstützen: Graben Sie überall dort, wo die Bestände recht dicht geworden sind, ein paar Pflanzen aus

Dahlien aus Samen ziehen

Die kleinwüchsigen Beet- und Balkondahlien (Mignon-Dahlien) können auch aus Samen gezogen werden. Bei Zimmertemperatur keimen die Pflanzen innerhalb von zwei Wochen. Die Ende Februar gesäten Dahlien blühen bereits ab Ende Mai.

Februar

und setzen Sie diese an einen neuen Platz unter Laub abwerfenden Bäumen oder im Steingarten. Weil einmal ausgetrocknete Knöllchen nur schwer Fuß fassen, gelingt die Vermehrung im Frühjahr oft besser als eine Pflanzung im Herbst.

Gärtnern unter Vlies und Folie

Im beheizten Gewächshaus oder im »warmen Kasten« können Sie jetzt schon Salat und Kohlrabi pflanzen oder Kresse und Radieschen säen. In milden Lagen bieten auch **unbeheizte Folienhäuser** oder **Frühbeete** genügend Schutz. Sorten für den frühesten Freilandanbau kann man dort gegen Ende Februar auspflanzen. Gartenvlies und Folie sind nicht nur eine nützliche Ergänzung, sondern können das Frühbeet sogar teilweise ersetzen. Ungelochte Folien eignen sich zum Bau eines **Folientunnels** oder eines ebenso vielseitig einsetzbaren **Wander-**

kastens. Für die Flachfolienkultur sind **Lochfolien** besser geeignet, doch auch sie sollten an warmen Tagen zum Lüften zurückgeschlagen werden. **Schlitzfolien** »wachsen« mit den Kulturen, weil sich die Schlitze immer mehr ausdehnen. Lüften entfällt, doch dafür reißen Schlitzfolien leicht ein und müssen häufiger ersetzt werden. Mit Loch- und Schlitzfolien erreicht man eine Ernteverfrühung um mindestens zwei Wochen. **Vlies** lässt noch mehr Luft und Wasser an die Kulturen und bietet, anders als die Folien, zusätzlich Frostschutz bis minus drei oder vier Grad Celsius. An der Unterseite bleiben winzige Wassertröpfchen haften. Gefrieren sie, entsteht eine dünne, aber wirkungsvolle Isolierschicht. Der Verfrühungseffekt ist nicht ganz so groß wie bei den Folien, dafür können Vliese länger auf den Kulturen verbleiben und ganz nach Bedarf vom Frühjahr bis zum Herbst eingesetzt werden. Noch ein Vorteil: Ist das Gewebe verschmutzt, steckt man es einfach in die Waschmaschine.

Gärtnern für »Frühaufsteher«: Im »kalten Kasten« werden jetzt die ersten Salate und Kohlrabi gepflanzt.

Das Staudenbeet neu anlegen oder umgestalten

Stehen Sie auch manchmal neidvoll vor besonders gelungenen **Staudenpflanzungen** oder bewundern Fotos in Gartenbüchern und -zeitschriften. Mit Geduld und einer sorgfältigen Planung können Sie das auch. Ganz ohne Fachwissen geht es allerdings nicht, und mit den wichtigsten **Gestaltungskriterien,** wie der Wirkung der Blütenfarben, Wuchsformen und Blattstrukturen, aber auch den unterschiedlichen Ansprüchen der Pflanzen sollten Sie sich jetzt etwas ausführlicher befassen. Dann folgt die Praxis. Legen Sie zunächst fest, welche Leitpflanzen dem Beet den Charakter geben sollen, und wählen Sie dann die passenden Begleiter aus. Eine möglichst maßstabsgerechte **Skizze,** in welche die Pflanzen als einfache Kreise eingezeichnet werden, verhindert, dass Sie zu dicht pflanzen. Riskieren Sie etwas und bleiben Sie nicht nur bei Ton in Ton. Sollte sich irgendwann herausstellen, dass eine Farbkombination tatsächlich misslungen ist, kann man immer noch umpflanzen. Denn ohnehin bleibt kein Staudenbeet, wie es einmal war. Um die Vielfalt und Schönheit zu erhalten, müssen Sie alle Pflanzen von Zeit zu Zeit herausnehmen und teilen oder durch Ableger verjüngen.

Blühende Mauern – Rückzugsort für Wildblumen und Tiere

Eine **Trockenmauer** hat gleich mehrere wichtigen Funktionen: Sie stützt Böschungen, terrassiert unebenes Gelände, dient als Wärmespeicher und schafft Geborgenheit auf einer aus-

Die Natur kehrt zurück: Mauerpfeffer, Hauswurz und Gänsekresse erobern die Fugen der Trockenmauer.

gesetzten Terrasse. Darüber hinaus ist sie einer der wertvollsten und schönsten Lebensräume im Naturgarten. Schmetterlinge überwintern in den schmalen Ritzen, Eidechsen tanken in der Frühjahrssonne Wärme und Wildbienen bauen ihr Nest zwischen den Steinen. Schon den Tieren zuliebe sollte man der Versuchung widerstehen, die Mauer mit Blaukissen und Posterphlox zu dekorieren. Hauswurz, Zwergglockenblume, Katzenpfötchen und Mauerpfeffer sind an zeitweilige Trockenheit und starke Temperaturschwankungen besser angepasst und brauchen kaum Pflege. Immergrüne Haselwurz und Gelber Lerchensporn blühen früher als Steinkraut und Gänsekresse.

Seidelbast für die Vase schneiden

Schneiden Sie ein paar Zweige des Seidelbasts für die Vase. Im Zimmer blühen sie auf und verströmen ihren an Gewürznelken erinnernden Duft. Je nach Sorte erscheinen weiße, purpurrosa oder violette Blüten.

Februar

Suchen Sie sich als Vorbild eine Mauer in der näheren Umgebung mit ähnlichen Standortbedingungen. Aber ja nicht räubern – es gibt genügend Gärtnereien, die auf heimische Arten spezialisiert sind und die Pflanzen als Setzlinge anbieten. Größere Stauden wie Frühlingsfingerkraut, Wilde Malven und Wegwarte pflanzt man ins Erdreich hinter die Mauer, kleinere Arten wie Adonisröschen, Zaunrübe und Pfennigkraut drückt man zusammen mit dem Substrat in die Fugen zwischen den Steinen. Füllen Sie aber nicht alle Ritzen, sondern lassen sie genügend Nischen-

Apfelbeeren und Maibeeren

Zier- und Wildfruchtgehölze wie Apfelbeere *(Aronia melanocarpa)* und Maibeere *(Lonicera kamtschatica)* eignen sich für Hecken oder als Solitärgehölze. Apfelbeeren sind selbstfruchtbar, von den Maibeeren brauchen Sie zwei verschiedene Sorten.

plätze für Spitzmäuse und Erdhummeln, die jetzt bald ein Quartier für ihren Nachwuchs suchen.

Beim Winterschnitt können auch stärkere Äste entfernt werden. Diese Arbeit erfolgt vor dem Austrieb.

Obstgehölze schneiden

Winterschnitt oder doch besser **Sommerschnitt?** Beides kann richtig sein, je nachdem, was Sie durch den Schnitt erreichen möchten. Der Winterschnitt fördert das Wachstum von Blättern und Zweigen, der Sommerschnitt fördert die Bildung von Blüten und Früchten, die Bildung neuer Triebe wird dagegen gehemmt. Kiwi und Reben »bluten« bei einem Schnitt im Frühjahr oder Sommer – sie sollten rechtzeitig vor dem Saftanstieg im zeitigen Frühjahr ausgelichtet und zurückgenommen werden.

Kornelkirschen – die schönen Wilden

Wie gut, dass die Kornelkirschen schon lange vor Glockenhasel und Forsythien blühen, denn sonst würde so mancher die hellgelben, zarten

Blütenwölkchen der anspruchslosen Sträucher gar nicht zur Kenntnis nehmen. Kornelkirschen gehören zu den wichtigsten Nektarspendern für Bienen, Hummeln und andere Insekten, die jetzt schon auf Nahrungssuche sind. Aber nicht nur deshalb sollten Kornelkirschen in keiner Blütenhecke fehlen. Wahre Kenner, und dazu gehören nicht nur Amseln und zahlreiche andere Vogelarten, schätzen die Sträucher wegen der länglichen, bitter-süßen Früchte, die nach den richtigen Kirschen reifen. Saft, Gelee oder Marmelade daraus schmecken so gut, dass die Kornelkirschen den Ehrgeiz der Züchter geweckt haben. 'Jolico' heißt eine der ersten großfrüchtigen Kultursorten für den Garten. Pflanzen Sie sicherheitshalber noch eine ganz normale, wilde Kornelkirsche dazu, denn die Neuzüchtung kommt nicht ohne Befruchter aus. Gedüngt werden Wildfruchtgehölze im Vorfrühling, vor dem Austrieb der Blätter.

Ginster – zum Besenbinden viel zu schön

Ginster verwendete man früher vor allem zum Binden von Besen, außerdem galten die niedrigen Sträucher als Schutzpflanze gegen Blitzschlag. Doch schon vor 100 Jahren entstanden aus dem reich blühenden **Spanischen Ginster** und dem gewöhlichen gelben Besenkraut die ersten Edelsorten mit weißen, rosa oder mehrfarbigen Blüten. Alle gedeihen auch auf schwierigen Böden, und weil Trockenperioden kein Problem sind, eignen sie sich auch für pflegeleichte Troggärten auf der Terrasse, in

Felsengärten oder trockenen Beeten direkt am Haus. Empfindlich ist Ginster nur beim Verpflanzen, deshalb sollte man alle Sorten im Topf kaufen. Die Anwachsrate ist im zeitigen Frühjahr höher als bei einer Pflanzung im Herbst.

Wichtig im Februar

- Die Ruhezeit der Bougainvillea geht zu Ende. Nach einem kräftigen Rückschnitt brauchen die Pflanzen einen hellen Fensterplatz

- Vorwitzige Tulpen und Blausternchen, die bereits jetzt ihre Blattspitzen herausstrecken, in Frostnächten mit Reisig schützen oder mit etwas Kompost anhäufeln.

- Knollen- und Staudensellerie müssen wegen der langen Entwicklungszeit bereits jetzt vorgezogen werden.

- Frostempfindliche Obstgehölze wie Pfirsich, Kiwi und Walnüsse pflanzt man am besten im zeitigen Frühjahr, noch vor dem Austrieb.

- Wenn Sie jetzt Frühkartoffeln vorkeimen, probieren Sie doch einmal Delikatess-Sorten wie 'Le Ratte' oder 'Blaue Schweden'. Damit die Frostgare lange erhalten bleibt, werden Beete, die im Herbst umgegraben wurden, eingeebnet und glatt geharkt.

- Puffbohnen können ab Ende Februar gesät werden. Die Kerne müssen 6–7 cm tief in die Erde.

- Ab Monatsende reichen die Lichtverhältnisse für die Topfkultur von Basilikum am Küchenfenster. Nährstoffarme Aussaaterde nach der Keimung düngen!

Februar

Garten und Natur   Wetter, Pflanzenentwicklung, Besonderheiten

Aussaat und Pflanzung   Frühbeet, Fensterbank, Gewächshaus

Blüte, Blatt und Frucht   Blumen, Rosen, Gehölze

Krankheiten und Schädlinge

Februar

Blick über den Zaun   Tipps aus fremden Gärten

Pläne, Wünsche, Ideen

März

»Dem Golde gleich ist Märzenstaub,
er bringt uns Kraut und Gras und Laub«

März

Allem Anfang wohnt ein Zauber inne

Das Wunder vollzieht sich über Nacht, und nichts lässt sich mehr aufhalten. Wann haben die Kätzchen der Salweide zu blühen begonnen und warum hat man den hellgrünen Hauch auf den Zweigen der Trauerweiden nicht schon gestern bemerkt? Im Rasen überraschen die ersten Krokusse, am Rand des Staudenbeets strecken die winzigen rosa Wildtulpen der Frühjahrssonne mutig ihre kleinen lila Blütenkelche entgegen. Und wie Lyriker Gottfried Benn treffend feststellt, geht alles viel zu schnell: »Blüht nicht zu früh, ach, blüht erst, wenn ich komme. Dann sprüht erst euer Meer und euren Schaum – Mandeln, Forsythien, unzerspaltene Sonnen – dem Tal den Schimmer und dem Ich den Traum.«

Duftveilchen gehören in jeden Frühlingsgarten. Sie blühen im Halbschatten, vertragen aber auch Sonne.

Frühling ist eine echte Auferstehung, ein Stück Unsterblichkeit.

HENRY DAVID THOREAU

Veilchenblauer Frühling

»Ein Garten im Frühling ohne Veilchen ist einfach lächerlich«, befand der Staudengärtner Karl Förster und Paracelsus meinte gar: »Ein Tag im Frühling ohne Veilchen ist ein verlorener Tag.« Tatsächlich passt das sprichwörtliche Veilchenblau von *Viola odorata* so perfekt zu Schneeglöckchen und Himmelsschlüsseln, dass man auch hier dem Rat Försters folgen und die liebenswerten Stauden »in großer Menge« pflanzen sollte – jedoch niemals breitflächig, sondern stets in Gruppen mit ausreichend Abstand dazwischen! Aus Samen gezogene Veilchen sind widerstandsfähiger als durch Teilung vermehrte Pflänzchen, die Anzucht gelingt aber nur, wenn die reifen Samenstände frisch geerntet und sofort wieder ausgesät werden. Langstielige Sorten wie 'Königin Charlotte' oder die reinweiße, leider nur verhalten duftende 'Alba' eignen sich auch für romantische Sträußchen.

Bunte Blumenkästen gegen die Frühjahrsmüdigkeit

Maßliebchen *(Bellis)*, Mini-Narzissen, Ranunkeln und Traubenhyzinthen eröffnen den Blütenreigen in Töpfen und Balkonkästen. Kombiniert man sie mit Gänsekresse, Teppichphlox

Malerische Topfsammlung: Primeln, Anemonen und Stiefmütterchen geben sich ein Stelldichein.

und Steinbrech, wirkt das Arrangement viel natürlicher und bleibt länger schön. Die Polsterstauden reagieren, ebenso wie die Zwiebelblüher, empfindlich auf Staunässe. Eine zwei Zentimenter dicke Schicht aus Blähton oder grobem Sand am Topfboden gewährleistet den Wasserabzug.

Die ersten Gartenkräuter

Was im Ziergarten für das Veilchen gilt, darf im Nutzgarten der **Schnittlauch** für sich in Anspruch nehmen – ein Kräuterbeet ohne das vertraute Küchengewürz ist einfach unvorstellbar. Durch die Horstsaat in kleine Töpfe

oder direkt ins Frühbeet gewinnt man leicht neue Pflanzen. Diese gibt es jetzt aber auch überall zu kaufen, selbst der für die Fenster-

Frühstart für Knollenpflanzen

Die Rhizome und Knollen von Gladiolen und Begonien werden jetzt in flachen Kisten mit Anzuchterde vorgetrieben. Ende März pflanzt man auch die Wurzelstöcke von Blumenrohr *(Canna)* in Töpfe mit sandiger Kompost- oder gekaufter Blumenerde. Stellen Sie die Pflanzen an ein helles Fenster, sobald sich die neuen Triebe entwickeln.

29

März

Bärlauch, Brunnenkresse, Löwenzahn und andere Wildkräuter schmecken jetzt angenehm mild und würzig.

Saisonstart für vitaminreiche Wildgemüse

Wildkräuter wie **Bärlauch** und **Löwenzahn** sind jetzt selbst den Frühbeetkulturen in ihrer Entwicklung weit voraus. Nutzen Sie die vitaminreichen Blätter als würziges Frühjahrsgemüse, bis Salat, Spinat und Mangold die ersten Blätter liefern. **Sauerampfer** gilt in Frankreich als Delikatesse und hat dort, neben Liebstöckel und Minze, einen festen Platz im Kräuterbeet. Fragen Sie in Gärtnereien nach besonders milden, oxalsäurearmen Sorten wie 'Profusion' oder 'De Belleville'. Bevor im 18. Jahrhundert die Petersilie in Mode kam, wurde der **Kleine Wiesenknopf** *(Sanguisorba minor)* als **Pimpinelle** überall in den Gärten kultiviert. Obwohl das Wiesenkraut mit der echten Bibernelle *(Pimpinella saxifraga)* nicht einmal verwandt ist, hält sich der alte Name hartnäckig. Ernten Sie regelmäßig die hellgrünen Triebe im Inneren der Rosetten, denn nur die ganz jungen Blättchen haben das begehrte nussige Aroma, später werden sie leicht bitter. Pimpinelle wächst überall, selbst im Regenschatten dicht am Haus, dort, wo es für

bank vorgetriebene Topfschnittlauch aus dem Supermarkt kann nach der Ernte einfach ins Freiland umziehen. Bereits **vorhandene Schnittlauchhorste** sollten alle zwei bis drei Jahre geteilt und an anderer Stelle neu eingepflanzt werden. Eine Kompostgabe zum Start sorgt für einen kräftigen Neuaustrieb, eine zweite Düngergabe ist erst wieder nach dem mehrfachen Schnitt im Mai fällig. Eine Hand voll Algenkalk, rund um die Horste oberflächlich eingeharkt, schützt die Pflanzen vor dem Befall durch **Schnittlauchrost.** Ab Ende März darf auch der kälteempfindlichere Kerbel ins Freiland. Ein halbschattiges Beet mit mäßig feuchter, nährstoffreicher Erde ist ideal, genauso gut gedeiht das Kraut in Schalen oder Töpfen. Nur die jungen Blättchen haben das süß-würzige Aroma, ältere werden leicht bitter. Säen Sie deshalb jeweils nur eine kleine Menge aus und wiederholen Sie die Saat etwa alle 14 Tage.

Feldsalat für den Frühjahrsanbau

Frühsaaten von Feldsalat werden besonders zart. Achten Sie auf speziell für den Ganzjahresanbau geeignete Sorten. Gesät wird in Reihen mit zehn Zentimeter Abstand.
Es ist immer gut anzugeben, ob es sich um Licht- oder Dunkelkeimer handelt.

Zwiebelblumen für den Schatten

Der Hundszahn, schöner klingt Forellenlilie, breitet sich von selbst im Garten aus. Da die Zwiebeln keine schützende Haut haben, darf der Boden aber nie austrocknen. Ideal ist ein halbschattiger Platz am Rand laubabwerfender Gehölze. Dort gedeihen auch Doldenmilchstern und Schneeglanz.

andere Kräuter oder Blütenstauden viel zu trocken ist. **Bärlauch** ist schon fast ein Modekraut. Er vermehrt sich willig unter Laub abwerfenden Bäumen und Sträuchern und überrascht dort ab April mit wunderschönen, weißen Zwiebelblüten. Verwendet werden die weichen, hellgrünen Blätter vor der Blüte. Die Zwiebeln werden ebenfalls im März ausgegraben und wie Knoblauch verwendet.

Frühe Saat verhindert Schädlingsbefall

Frühmöhren, Lauch, Zwiebeln, Spinat und **Schnittsalat** können schon jetzt ins Freiland. Auch **Erbsen, Mairübchen, Pastinaken** und **Petersilie** gehören zu den Frühstartern und keimen bereits bei Bodentemperaturen ab 5° Celsius. Allerdings: Je wärmer die Erde ist, desto schneller geht es. Ein Grund, so früh wie möglich zu beginnen: Viele Schädlinge, entwickeln sich erst ab Mai, bis dahin sind ihnen Sellerie und Radieschen längst davongewachsen. Auch die frühen **Puffbohnen**-Saaten blei-

ben von der sonst unvermeidlichen Läuseplage meist verschont. Unter Vlies und Folie sind die Kulturen nicht nur vor Schädlingen, wie den Maden der Gemüsefliegen sicher, sondern überstehen einen Kälteeinbruch ohne größere Ausfälle. Wichtig: Entfernen Sie die Abdeckung bei **Möhren, Spinat** und **Erbsen,** sobald milderes Wetter zu erwarten ist. Lauch und **Zwiebeln** dulden den Schutz für sechs bis acht Wochen, **Salat** und **Radieschen** bis zur Ernte.

Saatbänder und Saatscheiben erleichtern die Aussaat

Ganz feine Samen werden meist viel zu dicht gesät. Mit Saatbändern kann das nicht passieren. Das mühsame Vereinzeln entfällt, weil die Samen bereits im richtigen Abstand zwischen zwei Papierlagen eingebettet sind. Saatscheiben mit Blumensamen oder Küchenkräutern sind ideal für die Anzucht in Töpfen.

Saatbänder erleichtern die Aussaat bei feinem Saatgut: einfach auslegen, abdecken und gut angießen.

März

Die Duftende Schlüsselblume blüht in Wäldern und auf feuchten Wiesen und braucht kalkhaltige Erde.

Gewöhnliche Primeln und ihre vornehmen Verwandten

Mit Blütenfarben in kräftigem Blau, Lila, Gelb, Orange, Magenta oder Rubinrot überschwemmen die **Kissenprimeln** *(Primula vulgaris)* als Massenware alljährlich die Gartencenter. Doch man muss schon ein Frühlingsmuffel sein, um sie deshalb zu verdammen, denn kaum eine andere Pflanze ist so robust. Die Primeln verlangen nicht mehr als eine kühle, feuchte Erde und einen Platz im lichten Schatten. Ihre

aristokratische Verwandtschaft, die Echte oder **Duftende Schlüsselblume** *(P. veris)* und die **Hohe Schlüsselblume** *(P. vulgaris)*, tragen ihre Blüten auf hohen Stielen. Sie beugen sich den Wünschen der Gärtner weniger selbstverständlich. Entsprechen die Bedingungen im Garten nicht denen des Naturstandorts am Waldrand oder am Bach, verschwinden sie wieder. Die **Kugelprimel** *(P. denticulata)* blüht von Anfang März bis Ende April und verträgt auch sonnige Lagen. Am schönsten sind Auslesen mit karminroten, blauvioletten oder reinweißen Blüten. Die **Gartenaurikel** *(P. × pubescens)* entfachte im 18. Jahrhundert eine ähnliche Sammlerleidenschaft wie die Tulpen. Es gibt unzählige Farbvarianten, als besonders kostbar gelten Sorten mit dunklen, samtartigen Tönen. Alle Primelarten lassen sich aus Samen ziehen, eine Direktaussaat an Ort und Stelle sollte gleich nach der Samenreife erfolgen. Einfacher ist es, wenn Sie die Pflanzen beim Gärtner kaufen und spätestens im Sommer an ihren endgültigen Platz auspflanzen. Wer die genannten Arten schon im Garten hat, kann durch Teilung gleich nach der Blüte neue Pflanzen gewinnen.

Auch der Steingarten braucht Wasser

Das Schmelzwasser der Schneefelder sorgt in den Bergen lange für einen feuchten Boden. Damit Mehlprimel, Alpenaurikel und Frühlingsalpenveilchen im Steingarten nicht vertrocknen, sollten Sie dort ab und zu kräftig wässern.

Erdbeeren brauchen Pflege

Zum Monatsende braucht das Erdbeerbeet ein wenig Pflege. Entfernen Sie alle kranken und welken Blätter und lockern Sie anschließend die Erde zwischen den Reihen. Kompost und Algenkalk sorgen für einen guten Start. Das Übergießen mit Schachtelhalmbrühe und verdünntem Baldrianextrakt beugt Pilzbefall vor und fördert den Blütenansatz.

Sonnige Vorfrühlingstage für die Beetvorbereitung nutzen

Eine Reihe von trockenen Tagen kann man für die Vorbereitung der Gemüsebeete nutzen. Entfernen Sie zuerst das noch nicht verrottete Mulchmaterial oder die Reste der Wintergründüngung. Humose Böden oder solche mit hohem Sandanteil erwärmen sich schnell und können schon früh bearbeitet werden. Die Erde darf aber nicht mehr schmieren oder an den Stiefeln kleben bleiben. Eine wendende Bodenbearbeitung mit Spaten oder Grabgabel ist jetzt streng verboten! Das gilt auch für die Beete, die im Herbst nicht umgegraben wurden. Auf schweren Böden schaffen Sie die Tiefenlockerung mit dem **Sauzahn**, auf leichten geht es mit dem dreizinkigen **Kultivator** schneller. Versorgen Sie die Gemüsebeete vor dem Feinkrümeln und Einebnen mit **Kompost** oder einem anderen, langsam wirkenden organischen Dünger. Weil die Nährstoffe erst bei Vegetationsbeginn zur Verfügung stehen sollen, sind schnell löslichen Mineraldünger jetzt fehl am Platz. Zusätzliche Gaben von

Gesteinsmehl und Algenkalk stabilisieren die Erdkrümel und fördern die Bodengare. Mit den ersten Saaten sollten Sie noch warten, bis sich die Erde im Beet etwas abgesetzt hat.

Wichtig im März

- Entfernen Sie vor dem Neuaustrieb bei Ziergräsern und Stauden verbräuntes Laub und vertrocknete Stängel.

- Am Teich Gräser und Binsen zurückschneiden, Wasserpflanzen teilen und umpflanzen.

- Ab Anfang März vorgezogenen Sonnenhut auspflanzen. *Rudbeckia fuldiga* 'Goldsturm' eignet sich auch für Flächen mit hohem Unkrautdruck.

- Einjährige Kletterpflanzen wie Kletterndes Löwenmäulchen *(Asarin)*, Prunkwinde, Schwarzäugige Susanne und Sternwinde vorziehen. Die jungen Pflanzen brauchen möglichst früh eine Rankhilfe!

- Bei den Pfirsichen lassen sich wahre und falsche Fruchttriebe kurz vor oder während der Blüte am besten unterscheiden. Ein kräftiger Rückschnitt im März hält die Bäume gesund und fördert den Ertrag.

- Grünspargel wächst auch auf lehmigen Gartenböden. Das Anlegen der Beete erfolgt wie beim Bleichspargel, die Wurzeln müssen aber nur 30 Zentimeter tief gelegt werden. Eine Dammkultur ist nicht nötig.

- Ab Mitte März werden Dill, Kohlrabi, Brokkoli, Rettiche und Radieschen unter Vlies oder Folie gesät.

März

Garten und Natur Wetter, Pflanzenentwicklung, Besonderheiten

Aussaat und Pflanzung Blumen, Rosen, Gehölze

März

Aussaat und Pflanzung — Gemüse, Kräuter, Obst

Blüte, Blatt und Frucht — Blumen, Rosen, Gehölze

März

Ernte   Gemüse, Kräuter, Obst

Krankheiten und Schädlinge

Blick über den Zaun   Tipps aus fremden Gärten

März

Pläne, Wünsche, Ideen

April

»Bald trüb und rau, bald licht und mild –
April, des Menschen Ebenbild«

April

Die schönste Jahreszeit

April ist der Wonnemonat aller Gärtner! Neidlos überlassen sie den Mai den Verliebten – ihre große Zeit ist jetzt. Säen und Pflanzen gehören, unter all den Arbeiten, die das Jahr über im Garten zu vergeben sind, zu den absoluten Favoriten. Noch gibt es keinen Anlass daran zu zweifeln, dass die eben erstandenen Klettererdbeeren, wie auf dem Etikett versprochen, bis zum Herbst ununterbrochen zuckersüße Früchte tragen und die neue Petuniensorte Balkonkästen und Hängeampeln in kurzer Zeit mit ihren Blütenkaskaden überwuchert. Und wenn nicht? Gärtner, die sich dadurch vom Ausprobieren abhalten lassen, müssen erst noch gefunden werden.

Schmuckkörbchen und Ringelblumen sorgen für schnelle Erfolge. Aprilsaaten blühen bereits Ende Mai.

Ihr wisst, wie es zugeht im April, ob es immerhin kühl noch sei, wenn die Sonne scheint und der Wind ist still, fühlt ihr voraus euch schon mitten im Mai. Doch wenn ihr davon nur zu sprechen wagt, kommt über den sonnigen Himmel, wie jetzt, ein Wind von eisigen Gipfeln gejagt, der euch zurück in den März versetzt.

ROBERT FROST

Schmucke Sommerblumen

Schmuckkörbchen bzw. Kosmeen *(Cosmos)* gehören zu den dankbarsten Sommerblumen. Meist wird empfohlen, sie frühzeitig am Fensterbrett vorzuziehen. Die Pflanzen zeigen sich dafür aber gar nicht dankbar, sie wachsen nur zögernd und wollen nicht aufrecht stehen. Streut man die Lichtkeimer direkt an Ort und Stelle in die Lücken des Staudenbeets und drückt sie mit der flachen Hand gut fest, geht alles wie von selbst. Die Blüte setzt nur wenig später ein als bei den verwöhnten Zöglingen, die bereits Wochen vorher gehegt und gepflegt wurden.

Narzissen – Blume der Poeten

Narkissos, der griechische Blumengott, ertrank als er im Wasser eines tiefen Teichs sein Spiegelbild bewunderte. In Gestalt der bekannten Frühlingsblumen ist ihm alljährlich eine Auferstehung vergönnt. Narzissen gehören zu den prominentesten Zwiebelblumen, allen voran die großen gelben **Osterglocken. Duft-narzissen** (Jonquillen) sieht man weniger häufig, doch gerade die schönsten aus dieser Gruppe, die herrlich duftenden **Poeticus-Narzissen,** verdienen unbedingt eine Platz im Garten. Lassen Sie sich, wie viele Dichter, von ihrer vollkommenen Schönheit inspirieren. Wer die Herbstpflanzung der Zwiebeln ver-säumt hat, holt sich jetzt im Topf vorgetriebe-ne Pflanzen und gibt ihnen nach dem Ver-blühen einen Platz nahe am Gartenweg.

Mit Ziergräsern Akzente im Staudenbeet setzen

Hasenschwanzgras, Purpur-Federborsten-gras und **Wollhaargras** gehören zu den attraktivsten Ziergräsern. Weil sie aus wärme-ren Klimagebieten stammen, können sie bei uns jedoch nur einjährig gezogen werden. Freilandsaaten sollte man nicht vor Mitte April riskieren. Im Gewächshaus vorgezogene Grä-ser werden jetzt in allen Staudengärtnereien angeboten. Sie sollten sicherheitshalber nicht vor Mai ausgepflanzt werden.

Einjährige Sommerblumen aussäen

Nicht vergessen – auch andere Sommerblu-men sät man jetzt direkt ins Beet. Hier die Allerschönsten: Marienglockenblume, Ein-jähriger Mohn, Edelwicken, Skabiosen, Lein-kraut, Bechermalven, Schleifenblume, Sonnen-flügel, Sonnenblumen und Kornblumen.

Dichter-Narzissen duften zart. Den schneeweißen Blütenkranz schmückt ein rot gerändertes Krönchen.

Kübelpflanzen jetzt schon ins Freie stellen?

Liebhaber mediterraner Kübelpflanzen geraten jetzt in Zwiespalt: Sollen die Pflanzen reich blühen, müssen sie so früh wie möglich aus dem Winterlager. Andererseits können Nacht-fröste den Blütenanlagen und den neuen Trie-ben schwer zusetzen. Ein windgeschützter Standort auf der Terrasse oder dem Balkon, möglichst nahe an einer wärmeabstrahlenden Wand, reicht aus, wenn die Temperaturen nicht unter drei Grad Celsius absinken. Für wirkliche Frostnächte legt man Vlies und Zeitungspapier bereit und hüllt die Pflanzen

darin ein. Bleiwurz, Oleander und Wandel-
röschen vertragen ein paar kalte Tage oder
Nächte recht gut – vorausgesetzt, sie wurden
kühl überwintert! Bougainvilleen reagieren
hochsensibel auf kalte, trockene Winde und
auch Fuchsien- und Margeritenstämmchen
sind weniger robust als die niedrig wachsenden Strauchformen.

Buntnesseln – Trendsetter auf Balkon und Terrasse

Plötzlich sind sie wieder da, die Buntnesseln
mit ihren eindrucksvollen Blattfarben. Und
nicht nur das, die nostalgischen Zimmer-

**Comeback der Buntnesseln. Die Vielfalt der Blatt-
farben und -muster weckt die Sammlerleidenschaft.**

Reiche Blüte bei Chrysanthemen

Schneidet man Chrysanthemen jetzt auf
eine Höhe von 10 Zentimertern zurück, ver-
zweigen sich die Stiele, die Pflanzen wachsen buschiger und bilden viel mehr Blüten.

pflanzen liegen absolut im Trend – vorausgesetzt, Sie pflanzen sie nicht ins Blumenfens-
ter! Groß in Mode sind die wuchsfreudigen
Blattpflanzen auf Balkon und Terrasse. Die
Züchter wetteifern mit immer ungewöhn-
licheren Farbvarianten und schon gibt es
Anzeichen für eine neue Sammelleidenschaft.
Diese ist denkbar einfach zu befriedigen, denn
Kopfstecklinge schlagen in jedem Wasserglas
sofort Wurzeln und der Produktion immer
neuer Ableger sind keine jahreszeitlichen
Grenzen gesetzt. Damit sich das Laub kräftig
ausfärbt, muss die Topferde durchlässig und
nährstoffreich sein. Die Pflanzen sollten nie
in der prallen Sonne stehen. Düngen Sie alle
zwei Wochen mit Flüssigdünger und entfernen Sie alle Blütenstände, sobald sie erscheinen, sonst treiben keine neuen Blätter nach.

Schlicht und schön – gebrannte Erde statt Plastikmüll

Vor über 50 Jahren wurden die **Blumentöpfe**
genormt. Festgelegt wurden insgesamt 14
Größen, von vier bis 24 Zentimeter Durchmesser. Nach Vorschrift des Deutschen Instituts
für Normen muss die Topföffnung jeweils

genauso breit sein, wie der Topf hoch ist. Mit dieser einfachen Regel lassen sich die Töpfe problemlos stapeln und jede Größe passt perfekt in den folgenden größeren Topf. Millionen dieser umweltfreundlichen **Tontöpfe** wurden seither eingesät, bepflanzt und immer wieder verwendet. Eine Patina aus Algen und Kalk verleiht der preiswerten Gebrauchsware ihre nostalgische Patina. Bei Kunststofftöpfen bleibt der Kalk in der Erde und kann empfindlichen Pflanzen schaden.

Tontöpfe besitzen auch in anderer Hinsicht eine Pufferfunktion: Sie speichern Wärme und geben überschüssige Feuchtigkeit an die Umgebung ab. Die Verdunstung verhindert, dass sich die Erde im Topf überhitzt – im Inneren von Kunststofftöpfen entstehen in praller Sonne schnell über 50 Grad Celsius. Pflegefehler durch zu häufiges Gießen lassen sich nicht übersehen, schnell bildet sich außen eine Schicht aus Algen oder Schimmel. Wichtig: Wässern Sie Tontöpfe vor Gebrauch mehrere Stunden, damit der Erde in den ersten Tagen keine Feuchtigkeit entzogen wird.

Echte Walderdbeeren als Bodendecker

Walderdbeeren breiten sich durch Ausläufer und durch Samen aus. In humusreichen Böden, an einem halbschattigen Standort unter Obstbäumen oder Ziergehölzen werden sie bald heimisch. Allerdings sollte die Erde kalkhaltig und nicht zu trocken sein. Als ehemalige Waldpflanze bevorzugen Erdbeeren feuchte, aber wasserdurchlässige Böden.

Einfache Tontöpfe sind ebenso zweckmäßig wie dekorativ. Im Laufe der Jahre werden sie immer schöner.

Mehrmals tragende Erdbeeren im Frühjahr pflanzen

Mehrmals tragende Erdbeersorten werden, statt im Sommer, bereits im Frühjahr oder erst wieder im September gepflanzt. Frühjahrspflanzungen tragen bereits ab Juni erste Früchte. Wer es übers Herz bringt, erntet bei diesen Sorten pro Blütenstand immer nur die größten Früchte und entfernt den Stängel dann ganz. Dadurch werden laufend neue Blüten gebildet, was die Gefahr eines Grauschimmelbefalls deutlich reduziert. Damit sich die Pflanzen kräftig entwickeln, entfernt man im Pflanzjahr außerdem alle Blüten, die sich bis Ende Mai entwickeln. **Monatserdbeeren** im Topf können jederzeit gepflanzt werden. Sorten wie 'Alexandria' bilden keine Ausläufer und eignen sich auch als Beetumrandung im Gemüsegarten. Für die Anlage einer **Erdbeerwiese** kommen nur Sorten in Frage, die von Natur aus relativ schwach bestocken. Alle.

Ausläufer lässt man stehen, und zwar so lange, bis das Beet vollständig überwachsen ist. Wichtig: Vor der Pflanzung müssen Unkräuter besonders sorgfältig gejätet werden.

Hochbeet und Hügelbeet – Sonnenterrasse fürs Gemüse

Hoch- und Hügelbeete sind nach demselben Prinzip, aus mehreren Schichten, aufgebaut. Durch rasch verlaufende Umsetzungsprozesse im Inneren des Hügels oder Kastenbeets entsteht reichlich Wärme. Die um fünf bis acht Grad Celsisus höhere Bodentemperatur ermöglicht früheste Pflanztermine im Frühjahr und verlängert die Anbauzeit bis weit in den Herbst. Nachteil: Regenwasser versickert in den lockeren Schichten rasch, die Beete müs-

Vorsicht Nitrat!

Im ersten Jahr nach der Neuanlage eines Hoch- oder Hügelbeets sollten wegen der hohen Nährstofffreisetzung nur starkzehrende Gemüse (Kohl, Fruchtgemüse, Sellerie) angebaut werden. Rote Bete, Salat oder Spinat würden zu viel Nitrat einlagern.

sen deshalb vor allem im Sommer häufig gegossen werden. In nassen, feuchten Jahren sind Hoch- und Hügelbeetgärtner dagegen im Vorteil: Die Erde trocknet sehr schnell ab und kann schon früh wieder bearbeitet werden. Weil die Beete wegen der besseren Lichtverhältnisse enger als üblich bepflanzt werden können, lässt sich durch eine gut geplante

Ein Hochbeet bietet reiche Ernte auf engstem Raum – und das auch noch rückenschonend.

Fruchtfolge und Mischkultur der Ertrag gegenüber normalen Gartenbeeten fast verdoppeln.

Misticanza – gemischter Salat direkt vom Beet

Samenmischungen von verschiedenen Salatarten sind in Frankreich, Italien und England beliebt und werden dort unter der Bezeichnung **Mesclun, Misticanza** oder **Saladini** angeboten. Wenn Sie noch Samenreste von Kopf-, Pflück- und Eissalat übrig haben, können Sie sich ihre eigene Salat-Spezialität zusammenstellen. Mischen Sie die Überbleibsel aller Tütchen und säen Sie die Samen dann so dicht wie Schnittsalat – breitwürfig oder in Reihen – auf ein Beet mit lockerer Erde. Die Ernte beginnt, wenn die Blätter etwa sieben Zentimeter hoch sind. Einige Kopfsalatsorten schmecken etwas bitter, ähnlich wie Radicchio, wenn die Blätter so jung gepflückt werden. Zu Beginn wird das »gemischte Salatbeet« regelmäßig geschnitten, später dünnt es sich von selbst aus, weil einige Sorten durch den Schnitt verschwinden, andere wachsen wieder nach und können als Kopf- oder Pflücksalat weiterkultiviert werden.

Widerstandsfähige Sorten erleichtern den Anbau

Als tolerant oder widerstandsfähig werden Sorten bezeichnet, die bei einem Befall mit Schädlingen oder Krankheiten weitgehend vital bleiben und im Ertrag nicht wesentlich abfallen. Resistente Sorten sind dagegen vollkommen unempfindlich, sie werden auch bei massivem Auftreten der Schaderreger nicht oder nur unwesentlich befallen. Züchter von Bio-Saatgut bevorzugen eine hohe allgemeine Widerstandsfähigkeit, konventionelle Saatgutzüchter setzen eher auf Einzelresistenzen gegen die häufigsten Krankheiten.

Wichtig im April

- Tulpen-, Hyazinthen- und Narzissenzwiebeln sollten spätestens alle vier bis fünf Jahre herausgenommen und umgepflanzt werden.

- Artischocken als Gemüse oder Zierstauden können aus Samen angezogen oder über Seitentriebe vermehrt werden. Die Jungpflanzen dürfen erst nach den Eisheiligen ausgepflanzt werden.

- Die Kräuselkrankheit bei Pfirsichbäumen lässt sich eindämmen, wenn die Bäume mit Knoblauchtee und Ackerschachtelhalm-Auszug gespritzt werden.

- Letzter Termin für die Anzucht von Kürbis, Melonen und Zucchini ist Mitte bis Ende April! Direktsaaten kommen erst spät in den Ertrag.

- Einjähriges Bohnenkraut und Kapuzinerkresse dürfen auch in milden Lagen frühestens ab Monatsende ins Freiland gesät werden.

- Ab Ende April legen Tagpfauenauge, Kleiner Fuchs und Admiral ihre Eier an den Brennnesseln ab. Lassen Sie einige Horste als Raupenfutter stehen.

- Gladiolen sollten jährlich einen anderen Platz erhalten. Montbretien vertragen dagegen keinen Standortwechsel.

April

Garten und Natur   Wetter, Pflanzenentwicklung, Besonderheiten

Aussaat und Pflanzung   Blumen, Rosen, Gehölze

Aussaat und Pflanzung   Gemüse, Kräuter, Obst

Blüte, Blatt und Frucht   Blumen, Rosen, Gehölze

April

Ernte   Gemüse, Kräuter, Obst

Krankheiten und Schädlinge

Blick über den Zaun   Tipps aus fremden Gärten

April

Pläne, Wünsche, Ideen

Mai

»Am ersten Mai soll sich eine Krähe
im Roggen verstecken können«

Mai

Göttin der Blumen, Herrin der Freuden

Flora, die Blühende, die römische Göttin der Gärten, wurde alljährlich beim Fest des ersten Maitages, dem Floralia-Fest, geehrt. »Mit Abscheu ...«, so ist dokumentiert, bemerkte Kirchenschriftsteller Lactantius (250–330), dass Flora nichts anderes sei, als eine »Herrin der Freuden«. Auch nach Ansicht des heiligen Augustinus und anderer hoher Kirchenväter standen mit dem Christentum unvereinbare promiskuitive Bräuche im Mittelpunkt der ausschweifenden Feste. Trotzdem – oder vielleicht gerade deshalb –, auch die nachantike Welt war, wie Bilder von Rembrandt und Tizian beweisen, von der mädchenhaften Flora fasziniert. Im 18. und 19. Jahrhundert schmückten Skulpturen der Göttin englische Landschaftsgärten und noch heute charakterisiert die Naturwissenschaft mit dem Begriff »Flora« die gesamte Pflanzenwelt.

Die Wärme liebenden Stangenbohnen keimen besser, wenn man die Kerne in Wasser vorquellen lässt.

Bohnen soll man barfuß säen

Die robusten **Dicken Bohnen,** die **Saubohnen,** können Sie getrost noch im Wintermantel legen. Für die nässe- und kälteempfindlichen **Busch-** und **Stangenbohnen** sollte der Boden jedoch so warm sein, dass man die Gartenarbeiten am liebsten barfüßig verrichten würde. In England ging man noch einen Schritt weiter, nackte Jungfrauen mussten früher die Bohnen säen. In ihrem Fall hatte keine römische, sondern eine griechische Göttin die Hände im Spiel, denn vermutlich waren sie lediglich die

Vertretung der Fruchtbarkeitsgöttin Demeter. Fast ebenso zuverlässig wie bei den genannten Methoden keimen Bohnen bei einer Vorkultur im Gewächshaus. Wem selbst das zu aufwändig erscheint, lässt die Kerne für einige Stunden in Wasser oder Kräutertee vorquellen und sät sie dann nur so tief, dass sie, wie eine Bauernweisheit verlangt, »die Glocken läuten hören«, also höchstens zwei bis drei Zentimeter mit Erde bedeckt sind. Nur dann gelangen die Keimlinge rasch ans Licht und entkommen den fäulniserregenden Bodenpilzen ebenso wie den gefräßigen Maden der Bohnenfliege.

Neues von der Mischkultur

Manche Mischkulturtipps werden seit Generation weitergereicht, doch selbst die Wirkung von traditionsreichen Partnerschaften wie die von Möhren und Zwiebeln wurde selten wissenschaftlich überprüft. Also, warum nicht immer mal wieder Neues ausprobieren: Anregungen gibt es reichlich: **Ysop** und **Koriander** vertreiben mit ihrem Duft Kohlblattläuse und Kohlweißlinge und locken Nützlinge wie Bienen und Schwebfliegen in den Garten. **Borretsch** fördert die Befruchtung bei den **Erdbeeren.** Die edlen **Rosen** lieben das proletarische **Gurkenkraut** wegen seiner wachstumsfördernden Wurzelausscheidungen.

Kräuter und Gemüse kombinieren

Mischkulturen mit Kräutern und Gemüsen sind besonders wirkungsvoll. Pflanzen Sie alle ausdauernden Kräuter grundsätzlich an den Beetrand, alle einjährigen Arten sät man einfach zwischen die Gemüsereihen.

Neben **Sonnenblumen** gedeihen fast alle Gemüse besser. Zu **Zuckermais** pflanzt man die hohen Sorten, für **Buschbohnen, Gurken** und **Fenchel** wählt man niedrige Topfsonnenblumen. Die **Indianernessel** ist ein guter Partner für alle **Nachtschattengewächse.** Besonders

Kräuter, Gemüse und Blumen schützen sich im kunterbunten Bauerngarten gegenseitig vor Schädlingen.

Mai

Auberginen profitieren von dem Heilkraut und entwickeln in seiner Gegenwart viel mehr Geschmack.

Kulinarische Erinnerung – alte Gemüsesorten neu entdecken

Beinahe wären **Gelbe Bete** und **Spargelbrokkoli** in Vergessenheit geraten. Viele alte Gemüsearten mussten inzwischen neuen, einheitlicheren Züchtungen weichen. Dazu gehört auch die **Melde.** Das einst so beliebte Blattgemüse wurde von Spinat fast völlig verdrängt. Nun erobert sie sich ihren Platz im Garten zurück und erlebt als Ziergemüse eine Renaissance. Am schönsten wirken Beete, in denen die verschiedenen grünen, purpuroten oder rot-weiß gestreiften Auslesen miteinander kombiniert werden. Gerade am Beispiel der Melde zeigt sich, dass mit den alten Gemüsen

Die schöne Melde wurde vom Spinat aus den Beeten verdrängt. Jetzt kehrt sie als Ziergemüse zurück.

nicht nur genetische Ressourcen, sondern oft auch das Wissen um die Kulturführung verloren ging. Wer die Pflanzen wie Spinat behandelt, erlebt eine Enttäuschung, weil sie nicht wie dieser im Rosettenstadium verharren, sondern schnell in die Höhe schießen. Das lässt sich nur verhindern, wenn die Melde dreimal beerntet wird. Der erste Schnitt erfolgt etwa vier Wochen nach der Saat, sobald die Pflanzen 20 Zentimeter hoch sind, drei Wochen später werden sie ein zweites Mal beerntet. Nach einem dritten Schnitt lässt man die Melde für die Samengewinnung wachsen oder reißt sie aus und sät an anderer Stelle neu. Auch bei anderen Arten muss Experimentierfreude die oft nur spärlich vorhandenen Informationen über Anbauweise und Erntezeitpunkt ersetzen. Doch das lohnt sich nicht nur für Gärtner, die zum Erhalt der genetischen Vielfalt beitragen möchten. Ebenso spannend ist das, was nach Anbau und Ernte folgt: die Entdeckung, dass viele der alten Sorten richtig gut schmecken.

Zum Ausprobieren

Die alte italienische **Rote-Bete-Sorte 'Chioggia'** hat rosa-weiß geringelte Rüben und schmeckt feiner als die übliche Rote Bete. **Kopfsalat 'Merveille de Quartre Saison'** kann vom Frühjahr bis zum Herbst angebaut werden und bildet dicke Köpfe mit rotbraunen, butterzarten Blättern. Spargelerbsen werden wie Erbsen kultiviert und wie Bohnen zubereitet. Die viereckigen Schoten müssen möglichst jung geerntet werden.

Saison für Läuse

Wer einen Holunderbusch im Garten hat, wird unschwer erkennen, wann die Läusesaison begonnen hat. Ganze Kolonien bevölkern die noch grünen Triebstücke, Ameisen flanieren am Stamm auf und ab und auch die Meisen freuen sich über die reich gedeckte Tafel. Auch bei anderen Ziergehölzen kann man die Läuse meist tolerieren, Rosen vertragen dagegen auch geringen Befall nicht ohne Schäden. Die Blütenknospen verkümmern und auf den zuckerhaltigen Ausscheidungen breiten sich Rußpilze aus. Auf den Kirschen ist der klebrige Belag ausgesprochen unappetitlich und die Pfirsiche erkranken häufig an durch die Läuse

Der Schutzgöttin Frau Holle zu Ehren pflanzte man früher an jedes Haus einen Holunderstrauch.

übertragene Virosen. Erste Maßnahme ist das Abspritzen unempfindlicher Pflanzen mit einem harten Wasserstrahl. Das Versprühen von **Brennnesselwasser** hat sich nur bei leichtem Befall bewährt. Mittel auf Seifenbasis, aus **Chrysanthemen-** oder **Neembaumextrakt** sind wirkungsvoller. Sie dezimieren selbst größere Läuseansammlung zuverlässig und machen Pyrethroide oder andere chemisch-synthetische Wirkstoffe überflüssig.

Schafgarbe gegen Blattläuse

Überall da, wo Läuse den Nutz- und Zierpflanzen regelmäßig zu schaffen machen, sollte man Schafgarbe pflanzen. Die Heilpflanze *(Achillea millefolium)* und die rosa, weiß oder rot blühenden Gartensorten fördern die Ansiedelung der blattlausvertilgenden Marienkäfer und ihrer Larven.

Großer Auftritt für kreative Topfgärtner

Jetzt beginnt die Hauptsaison für alle Topfgärtner. Die Meister unter ihnen verwandeln an einem Samstagnachmittag die Sommerresidenz auf dem Balkon mit Oleander, Bougainvilleen, Myrte und Passionsblumen in

Mai

einen südlichen Innenhof, der völlig vergessen lässt, auf welchem Breitengrad wir uns befinden. Romantiker pflanzen Jasmin, Madonnenlilie und Margeriten und beschatten den Sitzplatz unter der Pergola mit schnell rankenden Mond- und Prunkwinden. Kreative lassen sich vom Angebot auf dem Wochenmarkt oder im Gartencenter immer wieder neu inspirieren, tauschen die Tulpenzwiebeln jetzt gegen blaue und rosa blühende Vergissmeinnicht, diese werden nach der Blüte von Mittagsblumen und Bartnelken abgelöst. Wer sich die Mühe des Bepflanzens nur einmal zumuten will, wählt Dauerblüher wie Fächerblume, Mittags-

Damit der Flieder wieder blüht

Für einen reichen Blütenansatz im nächsten Jahr werden alle Rispen gleich nach der Blüte entfernt. Kürzt man die Triebe dabei um ein Drittel ein, wird die Krone buschiger.

gold und Blaue Mauritius und unterpflanzt die Fuchsienstämmchen mit Schneeflockenblume oder weiß blühendem Elfenspiegel.

Tugendhafte Pfingstrosen

Eigentlich haben Pfingstrosen nur Tugenden, sie sind unempfindlich gegen schwere Böden, Wühlmäuse, Schädlinge und andere Pflanzenkrankheiten und brauchen kaum Pflege. Vielleicht verweisen Gartengestalter sie deshalb gerne in die Bauerngärten, dabei entfalten sie ihren Charme gerade in weniger bunter Umgebung. **Botanische Pfingstrosen** blühen ab Mitte April, die **Edelpfingstrosen** plustern ihre dicht gefüllten Blüten erst im Mai auf. Schon wenige Tage später genügt ein kleiner Luftzug und sie werfen die gesamte Pracht auf einmal ab. Durch einen Standort im Halbschatten lässt sich dieser Moment hinauszögern, das macht die Pfingstrosen wie geschaffen für einen Standort unter lichten Bäumen oder großen Sträuchern. Das Umpflanzen mögen sie leider gar nicht, und wer die Stauden einfach teilt, muss ein oder zwei Jahre auf die Blüten warten. Die Anzucht aus Samen ist zwar möglich, lohnt sich aber nur, wenn noch

Wenn die Pfingstrosen blühen, sollte man Petrus um Einsehen bitten – bei Regen ist die Pracht vorbei.

eine alte Sorte aus Großmutters Zeiten im Garten steht, die heute nicht mehr erhältlich ist.

Pflasterkünstler erobern Ritzen und Fugen

Schnurgerade Wege, langweilig gepflasterte Flächen? Oft ist eine Umgestaltung des Gartens viel zu aufwändig. Zum Glück gibt es unter den Pflanzen hübsche »Lückenbüßer«, die schon in kurzer Zeit die Fugen und Ritzen erobern, Ränder und Beetkanten überwuchern und harte Konturen charmant auflösen. **Goldmohn, Gänsekresse, Hungerblümchen, Duftsteinrich** und **Grasnelke** sind genügsam, brauchen aber viel Sonne. **Walderdbeeren, Sauerklee** und **Gelber Lerchensporn** kommen auch im Halbschatten zurecht. **Feldthymian** und die blütenlose Variante der **Römischen Kamille** vertragen sogar Tritt und begleiten den Gang durch den Garten mit ihrem würzigen Duft.

Umweltgerechte Rasenpflege

Die erste Düngung der Zier- und Spielrasenflächen darf nicht zu früh erfolgen. Düngen Sie auf leichten Sandböden erst Ende Mai, Lehm- und Tonböden, die sich nur langsam erwärmen, erhalten erst Anfang Juni die erste Düngergabe. Bis dahin treiben die Gräser auch ohne zusätzliche Unterstützung kräftig genug aus. **Langzeitdünger,** speziell für den Rasen, sind optimal auf den Bedarf der Gräsermischungen abgestimmt und setzen die Nährstoffe langsam und gleichmäßig frei. Die Gefahr, dass überschüssiger Stickstoff ins Grundwasser ausgewaschen wird, wird dadurch erheblich vermindert. Mit einem Streuwagen lässt sich der Dünger leichter verteilen als von Hand, achten Sie aber darauf, dass sich die Fahrspuren nicht überlappen.

Wichtig im Mai

- Verblühte Planzenteile von den Polsterstauden entfernen und alle Pflanzen einkürzen. Innen verkahlte Polster können geteilt und neu gepflanzt werden.

- Edelwicken müssen laufend am Rankgeäst aufgeleitet werden. Bis die ersten Knospen erscheinen, brauchen die Pflanzen reichlich Feuchtigkeit.

- Gartenhortensien nur mit Regenwasser gießen. Blaue Blüten gibt es mit Spezialdünger oder durch das Gießen mit Ammoniak-Alaun-Lösung.

- Apfelbäume auf Mehltau kontrollieren, befallene Triebe zurückschneiden. Zum Schutz vor Läusen Kapuzinerkresse auf die Baumscheiben pflanzen.

- Bei Stachelbeeren, Johannisbeeren, Jostabeeren und Himbeeren den Boden mit Frischkompost abdecken.

- Nach den Eisheiligen (11. bis 15. Mai) dürfen Tomaten und Gurken ins Beet. Früheres Pflanzen lohnt nicht, unter zehn Grad Celsius stockt das Wachstum.

- Ernten Sie von einer Rhabarberpflanze alle zwei Wochen nur ein Drittel der Stiele, sonst verliert die Pflanze zu viel Kraft. Blüten vorsichtig ausbrechen.

- Bei Hochstamm-Rosen die Seitentriebe einkürzen.

Mai

Garten und Natur   Wetter, Pflanzenentwicklung, Besonderheiten

Aussaat und Pflanzung   Blumen, Rosen, Gehölze

Aussaat und Pflanzung
Gemüse, Kräuter, Obst

Mai

Blüte, Blatt und Frucht   Blumen, Rosen, Gehölze

Ernte   Gemüse, Kräuter, Obst

Mai

Krankheiten und Schädlinge

Blick über den Zaun
Tipps aus fremden Gärten

Mai

Pläne, Wünsche, Ideen

Juni

»Viermal Juniregen
bringt zwölffachen Segen«

Juni

Ein Garten voller Rosen

Stöhnte man noch vor kurzem über die viele Arbeit, stellt man nun plötzlich fest: Der Garten ist zu klein! Die Rosen blühen und es ist völlig klar, dass man viel zu wenig Sträucher besitzt. Die Verlockung ist groß, jährlich kommen in jeder Rosengruppe neue, aufregende Sorten hinzu, und entscheiden muss man sich nicht nur im Hinblick auf die Blütenform und Farbe. Wenn es darum geht, die ganz persönlichen Lleblingsrosen zu finden, spielt der Duft eine mindestens ebenso große Rolle. Rosenhandbücher und Katalogtexte bieten wenig hilfreiche Beschreibungen wie »leicht«, »typisch rosig«, »nach Wildrosen« oder »ähnlich wie Teerosen«. Wer jetzt im Rosenmonat bei Streifzügen durch Parks und fremde Gärten selbst herauszufinden versucht, welche Sorte wonach duftet, wird feststellen: Jede Blüte verströmt ein anderes Parfum, mal süß und

> *Der Duft der Rose nimmt dich in einen süßen Bann, rührt dich liebkosend leise, wie eine Liederweise, mit Ahnung voller Schönheit an, ist ohne Gleichnis rein und zart: du kannst es nicht ermessen, fühlst nur ein süß Vergessen und eine süße Gegenwart.* HERMANN HESSE

betörend, dann wieder leicht und frisch, und doch mit keinem anderen Duft vergleichbar – eben so, wie wirklich nur Rosen duften.

Bauerngartenstauden und andere Rosenbegleiter

Auch die Königin der Blumen verlangt nach Begleitung und gibt sich dabei kein bisschen zickig. Ganz im Gegenteil, gerade die einfachen

Mitten im Staudenbeet entfalten die pflegeleichten Strauchrosen ihre beeindruckende Blütenfülle.

Beetstauden aus den Bauerngärten oder die Gartenauslesen der Wildstauden bieten ihr den passenden Rahmen, ohne eine Konkurrenz darzustellen. Ganz praktisch bedeutet dies: Stauden dürfen Rosen niemals bedrängen oder ihnen Wasser und Nährstoffe streitig machen. **Rittersporn** und **Phlox, Geißblatt** und **Sonnenbraut** gelten zwar als klassische Rosenpartner, sollten aber nur in respektvollem Abstand gepflanzt werden. Die genügsame **Katzenminze** ist ein Traumpartner, vor allem wenn sie mit rosa oder pinkfarbenen Rosen kombiniert wird. Wenn Ihnen die Kombination von **Lavendel** und edlen weißen oder cremefarbenen Rosenblüten zu abgedroschen erscheint, probieren Sie dunkelblauen oder weißen **Ysop**, hellblauen **Steinquendel** oder die hellgrünen Blütenwolken des **Frauenmantels** dazu. Zwischen Kletterrosen und großblumigen *Clematis*-Sorten wie 'William Kenneth' oder 'Natacha' besteht eine so enge Freundschaft, dass es dazu einfach keine Alternative gibt.

Eine streng geschnittene Buchenhecke umrahmt den Gemüsegarten. Bögen und Tore bieten Durchblick.

Schnitthecken schützen vor unerwünschten Blicken

Formschnittgehölze wie **Rot-** oder **Hainbuche** eignen sich besonders gut für natürliche Gärten auf kleineren Grundstücken. Eibe und Lebensbaum gelten dort als Fremdkörper oder wirken schnell erdrückend. Da beide Laubgehölze erst spät austreiben, lassen sie im Frühjahr genügend Sonne in den Garten, brechen mit ihrem dichten Geäst aber den kalten Wind und sorgen so für ein günstiges Kleinklima. Werden die Hecken regelmäßig geschnitten, bilden sie eine dichte Blätterwand und bieten vom Frühsommer bis zum Wintereinbruch zuverlässig Schutz vor neugierigen Blicken. Auch innerhalb des Gartens lassen sich damit verschiedene Bereiche, zum Beispiel ein gemüt-

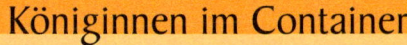

Königinnen im Container

Die beste Pflanzzeit für Rosen ist der Herbst, nur in Gebieten mit frühem Frosteintritt pflanzt man besser im Frühjahr. Edelrosen und Englische Rosen werden immer häufiger in großen Töpfen angeboten. So genannte Containerrosen können jederzeit gepflanzt werden. Achten Sie auf einen festen Wurzelballen, dann wachsen sie problemlos an. Wichtig: Häufiges Gießen nicht vergessen!

Juni

licher Sitzplatz, auf hübsche Weise von anders genutzten Gartenteilen abgrenzen. Mit der Heckenschere geformte Tore oder Bögen wecken die Vorstellung eines weiteren, geheimen Gartens, auch wenn der Durchgang nur zum Kompostplatz oder Geräteschuppen führt.

Genügsame Kübelpflanzen

Noch immer gehört **Oleander** zu den beliebtesten Kübelpflanzen. Normale Kübelpflanzenerde ist für die genügsamen Sträucher viel zu nährstoffreich und meist auch zu sauer. Folge: ein geringer Blütenansatz und weiche, schildlausanfällige Triebe. Schmetterlingsblütler wie **Tibouchina** sind noch heikler und werfen bei einer Überdüngung schlagartig alle Blätter ab. Besser eignet sich eine Mischung aus Reifkompost, Gartenerde, Quarzsand und Algenkalk. Gießfest wird das Substrat durch die Beigabe von Blähton. Vorsichtig düngen sollten Sie auch alle Myrten. Die **Brautmyrte** *(Myrtus communis)* ist im Hinblick auf die Nährstoffversorgung ebenfalls anspruchslos, braucht aber eine kalkarme Erdmischung.

Hexenringe im Rasen

Wer die Einwirkung übersinnlicher Kräfte grundsätzlich ausschließt, kann beim Auftreten von Hexenringen im Rasen eigene gärtnerische Fehler nicht mehr abstreiten. Der Nelkenschwindling – um diesen ungiftigen Schirmpilz handelt es sich bei diesem Phänomen – gedeiht vorwiegend auf Flächen, die regelmäßig und etwas zu kräftig gedüngt werden. Von Juni bis Oktober breiten sich die zwei bis fünf Zentimeter großen Hüte ringförmig aus. Wächst der Rasen normal weiter, kann man den Schaden vernachlässigen. Schädigt das Pilzmyzel aber die Graswurzeln und verfärbt sich die Grasnarbe gelb, ist Han-

Wie Urlaub in Italien: Oleander ist längst ein Klassiker unter den mediterranen Kübelpflanzen.

Wärme liebende Gemüse wie Paprika und Auberginen gedeihen im Topf oft besser als im Beet.

deln angesagt. Häufiges Mähen und äußerst verhaltene Nährstoffgaben lassen die Pilzkreise allmählich wieder verschwinden. In der zweiten Jahreshälfte verzichtet man ganz auf eine Düngung oder verwendet ausschließlich langsam wirkende, organische Düngemittel. Der Einsatz chemischer Pilzbekämpfungsmittel ist angesichts des relativ geringen Schadens, den die Pilze anrichten – notfalls muss ein Stück Rasen abgetragen und neu eingesät werden – nicht gerechtfertigt!

Gemüse im Beet oder im Topf

Längst ist es nicht mehr der Mangel an Gartenfläche, der das mobile Gärtnern so beliebt macht. Selbst Wildblumen erobern den Bal-

konkasten, und **Paprika** oder **Auberginen** entwickeln sich auf der überdachten Terrasse oft besser als im Beet. Bunte **Salatköpfe** wirken auch im Kasten ganz hübsch und sind dort sicher vor Schnecken. Durch die Ernte ent-

Der längste Tag des Jahres

Am 24. Juni, an Johanni, endet traditionell die Rhabarber- und Spargelernte. An diesem Tag werden die Johanniskräuter (Arnika, Bärlapp, Beifuß, Eisenkraut, Johanniskraut, Kamille, Königskerzenblüten, Quendel) für die Hausapotheke geerntet und getrocknet. Die späten Johannisbeeren können dagegen noch bis Juli geerntet werden.

Juni

Eine Unterpflanzung mit Tagetes schützt Tomaten vor Wurzelälchen. Zinnien haben dieselbe Wirkung.

stehende Lücken lassen sich mit Kräutern wie **Basilikum** oder **Hirschhornwegerich** rasch wieder füllen. Dauerhaft hübsch sind dagegen rankende **Minikürbisse.** Die orangefarbenen, gerippten Früchte der Sorte 'Jack be Little' werden nur faustgroß und können wie Bratkartoffeln zubereitet werden. Der kugelrunde 'Goldapfel' erreicht die Größe eines Tennisballs und eignet sich gut zum Füllen. Von **Rondini,** einer runden Zucchinisorte, gibt es inzwischen auch vorgezogene Jungpflanzen. Im Garten lässt man die Minikürbisse einfach ranken, auf dem Balkon sollten sie an einem stabilen Gerüst aufgeleitet werden. Eine Pflanze kann leicht mehrere Quadratmeter überwachsen.

Tomaten vor Braunfäule schützen

Gegen die gefürchtete Braunfäule ist leider noch kein Kraut gewachsen. Auch die neueren, hochtoleranten Sorten können dem Erreger langfristig nicht widerstehen. Vorbeugende Bekämpfungsmaßnahmen können zusammen mit intensiver Pflege einen Frühbefall ver-

hindern und so zumindest die Haupternte sichern. Wer ganz sichergehen will, kommt um die Anschaffung eines Tomatenhauses, in dem die Pflanzen vor Regen und nächtlichem Tau geschützt sind, nicht herum. Doch auch hier besteht die Gefahr, dass der Pilz mit dem Gießwasser aus der Regentonne eingeschleppt wird. Wöchentliche Spritzungen mit Schachtelhalmauszügen, Knoblauchtee oder einem anderen Blattstärkungsmittel erhöhen die Widerstandskraft der Pflanzen. Überfüttern Sie die Tomaten nicht – sechs Liter Kompost pro Qudratmeter Beetfläche reichen!

Klettererdbeeren aufbinden

Die langen Ausläufer der Spalier-Erdbeeren klettern nicht von alleine, sondern müssen aufgebunden werden. Bricht man bis Ende Mai konsequent alle Blüten aus, wachsen die Pflanzen besonders dicht und tragen im Sommer viel mehr Früchte.

Köstliche Frucht aus den Anden

Eine ungewöhnliche Beet- und Balkonpflanze ist die **Andenbeere** oder **Kapstachelbeere** *(Physalis peruviana).* Die gelben bis orangefarbenen Früchte umgibt eine dekorative Hülle aus papierzarten Kelchblättern. Anders als

die schwach giftigen Beeren der heimischen **Lampionblume** *(Physlis alkeni)* sind die Beeren essbar. Sie schmecken fruchtig, wie die verwandten Tomaten, entwickeln in der Vollreife dazu aber ein köstlich süßes, an Ananas erinnerndes Aroma. Im Freiland brauchen die Pflanzen einen warmen, sonnigen Standort. Dort dauert die Ernte von August bis zum ersten Frost. Im Kübel kann die Andenbeere auch mehrjährig gezogen werden, braucht jedoch einen hellen, kühlen Raum zum Überwintern.

Grüne Kraft – Pflanzenjauchen wirken schnell

Selbst angesetzte Pflanzenjauche hat eine ganze Reihe von Vorzügen: Sie enthält alle wichtigen Nährstoffe und Spurenelemente in schnell löslicher Form, sie ist leichter zu dosieren als käuflicher Flüssigdünger und es gibt sie umsonst. Jedes Kraut hat sein Spezialgebiet: **Brennnesseljauche** ist unversell einsetzbar, hilft aber vor allem bei durch Eisenmangel vergilbten Blättern. Ein Auszug aus **Beinwellblättern** enthält reichlich Eiweiß und Kali und gilt als hervorragendes Nährstoffkonzentrat für Tomaten, Kohl und Sellerie. Der hohe Kieselsäuregehalt des **Ackerschachtelhalms** stärkt die Zellwände der Kulturpflanzen und beugt Pilzerkrankungen vor. **Kamillenjauche** schützt Gemüse und Zierpflanzen vor Wurzelkrankheiten und fördert die schnelle Verrottung im Komposthaufen. **Löwenzahnjauche** wird als einzige Kräuterjauche unverdünnt angewandt und zur Qualitätsverbesserung

von Johannisbeeren, Himbeeren und anderen Fruchtgehölzen im Frühjahr und Herbst über den Boden gegossen. Alle anderen Pflanzenjauchen werden verdünnt verwendet. Als Grundregel gilt: ein Teil Jauche auf 20 Teile Wasser. Statt mit der Gießkanne können die Pflanzenauszüge in noch geringerer Konzentration (1 : 50) als »Erste-Hilfe-Maßnahme« auch direkt über die Blätter gesprüht werden.

Wichtig im Juni

- Anfang des Monats ist letzter Pflanztermin für Gemüsepaprika, Peperoni, Auberginen und Gurken.

- Gegen Monilia an Sauerkirschen hilft ein Rückschnitt der befallenen Triebe bis ins gesunde Holz. Zusätzlich mit Meerrettichtee (aus Kraut oder Wurzeln) spritzen.

- Schnittmangold vertritt in den Sommermonaten den zum Schossen neigenden Spinat. Für laufende Ernten alle 3–4 Wochen nachdüngen.

- Himbeeren brauchen gegen Ende der Blüte eine Düngung. Der Boden sollte jetzt ständig feucht sein, sonst bleiben die Früchte klein!

- Im Sommer lassen sich Ahorn, Clematis, Hibiskus und Kletterhortensien durch Stecklinge vermehren.

- Picken Vögel an Erdbeeren, haben sie oft nur Durst. Platzieren Sie ein paar Topfuntersetzer mit Wasser neben dem Beet.

- Kirschfruchtfliegen-Fallen (Gelbtafeln) werden erst aufgehängt, wenn sich die Früchte gelb färben. Nötig sind 5–8 Fallen, bevorzugt auf der Kronen-Südseite.

- Bei Azaleen und Rhododendron verwelkte Blütenstände ausbrechen und die Sträucher düngen.

Juni

Garten und Natur — Wetter, Pflanzenentwicklung, Besonderheiten

Aussaat und Pflanzung — Blumen, Rosen, Gehölze

Aussaat und Pflanzung   Gemüse, Kräuter, Obst

Juni

Blüte, Blatt und Frucht   Blumen, Rosen, Gehölze

Ernte — Gemüse, Kräuter, Obst

Juni

Krankheiten und Schädlinge

Blick über den Zaun   Tipps aus fremden Gärten

Juni

Pläne, Wünsche, Ideen

Juli

»So golden die Sonne im Juli strahlt,
so golden sich der Weizen mahlt«

Juli

Schöne Hundstage verheißen eine reiche Ernte

Die heißeste Zeit des Sommers steht bevor. Sirius, der hellste Fixstern am Himmel im Sternbild des Canis Major, des Großen Hundes, gab der Hitzeperiode zwischen Mitte Juli und Mitte August ihren Namen. Der Aufgang des selbst in den Morgenstunden hell leuchtenden Fixsterns kündigte den Ägyptern schon vor 3000 Jahren die alljährliche Nilüberschwemmung an. Auch in der griechischen Kultur hatte Sirius eine besondere Bedeutung: Zeigte er sich an seinem ersten Morgen hell und klar, wurde die Ernte gut. Wirkte er dagegen rötlich und war am Himmel nur schwer auszuma-

chen, galt das als schlechtes Omen. Nach den Bauernregeln bedeuten schlechtes Wetter oder schwere Gewitter um diese Zeit ebenfalls nichts Gutes: »Was die Hundstage gießen, muss die Traube büsen.« Herrscht an den Hundstagen wirklich brütende Hitze, soll dies einen langen, harten Winter zur Folge haben.

Blattschmuckstauden für Schattenplätze

Kaum klettert das Thermometer über fünfundzwanzig Grad, stöhnen wir über die Hitze. Gut, wenn man sich rechtzeitig einen Rückzugsort im Schatten eingerichtet hat. Es bietet sich an,

Blattschmuckstauden dominieren im schattigen Staudenbeet. Der Sitzplatz ist Rückzugsort und Ruhezone.

diesen Ort bewusst als Ruhezone zu gestalten, anstatt darüber zu lamentieren, dass es so wenige bunte Stauden gibt, die unter Bäumen gedeihen. Keine andere Farbe wirkt so beruhigend wie Grün, und keine, weder Blau noch Gelb noch Rot, weist eine solche Vielzahl unterschiedlicher Töne auf. **Funkien** *(Hosta)* sind wie geschaffen, um dafür den Beweis anzutreten. Es gibt unzählige Sorten mit hellgrünen, gelbgrünen, weiß oder cremefarben panaschierten oder intensiv blaugrünen Blättern. Alle sind so beeindruckend, dass die im Sommer erscheinenden lila oder purpurfarbenen Blütenstände zur hübschen Nebensächlichkeit verblassen. Am schönsten wirken verschiedene *Hosta* zusammen in einem Beet, Ton in Ton kombiniert mit schmalblättrigen **Waldgräsern** und **Waldstauden.** Beispiele: zartgelber **Fingerhut** *(Digitalis lutea)*, weiße Formen des Blauen **Eisenhuts** *(Aconitum napellus* 'Album')*, **Silberkerze** *(Cimicifuga racemosa)*, **Schnee-Felberich** *(Lysimachia clethroides)* und **Prachtspiere** *(Astilbe thun-*

Die Sumpfprimel blüht im Hochsommer. Wasserschwertlilien und Sumpfiris umrahmen den kleinen Teich.

bergii 'Van der Wilen'). Wichtig: Planen Sie die Neupflanzung gut; sind *Hosta* einmal eingewachsen, sollten sie nicht mehr gestört werden.

Wasser im Garten

Es muss ja nicht gleich ein Schwimmteich sein, auch Mini-Gewässer bringen Kühle und das geheimnisvolle Plätschern eines großen Quellsteins wirkt enorm entspannend. Als gestalterisches und spirituelles Element tritt Wasser in allen Stilepochen der Gartenkunst in Erscheinung. Je kleiner und flacher die Wasserstelle ausfällt, desto sorgfältiger muss die Pflanzenauswahl überlegt werden. Hüten Sie sich vor Nymphen! Gemeint sind damit nicht die den Menschen selten wohlgesonnenen Naturgeister, die ihre Seelen angeblich auf ewig in tieferen Gewässern versenken, sondern

Sieben Wochen Regen?

Wegen der gregorianischen Kalenderreform rutschte der »Siebenschläfer« vom 28. Juni auf den 7. Juli. Regnet es an diesem Tag, soll es noch sieben Wochen regnen. In zwei von drei Sommern, dies bestätigen die Meteorologen, trifft die Siebenschläferregel tatsächlich zu. Ein Trost: Scheint an diesem Tag die Sonne, halten sich die Hochdruckgebiete über Mitteleuropa ebenso lange.

Juli

Seerosen *(Nymphaea)*. Gerade die großblütigen Sorten beanspruchen mehrere Quadratmeter Wasserfläche und verlangen Wassertiefen von mindestens einem Meter. Eine Ausnahme bildet die duftende, reinweiße Zwerg-Seerose *(Nymphaea pygmaea 'Alba')*, die sich auch für kleine Becken und Tümpel eignet (Wassertiefe 5–20 cm). Das **Hechtkraut** trägt hohe, blaue Blütenähren und eignet sich auch als Solitärstaude. Der **Wasserstern** *(Callitriche palustris)* produziert viel Sauerstoff und sichert auch in kleinen Teichen das ökologische Gleichgewicht.

Salbei wird fast einen Meter hoch. Nur bei regelmäßigem Rückschnitt bleiben die Sträucher kompakt.

So blühen Rosen bis zum Herbst

Bei mehrmals blühenden Edel-, Strauch- und Kletterrosen werden alle verwelkten Blüten zusammen mit zwei voll entwickelten Laubblättern abgeschnitten. Beetrosen direkt über dem ersten Laubblatt kürzen.

Ein Staudenrückschnitt sorgt für eine zweite Blüte

Rittersporn, Margeriten, Ziersalbei, Katzenminze, Nelkenwurz und **Frauenmantel** können nach der Blüte bis auf eine Handbreit über dem Boden zurückgeschnitten werden. Im Spätsommer blühen die Stauden dann ein zweites Mal. Bei **Phlox** lässt sich die Blütezeit verlängern, wenn ein Teil der Triebe bereits vor der Knospenbildung eingekürzt wird. Die Pflanzen bilden darauf mehrere Seitentriebe, die erst nach den anderen, ungeschnittenen Trieben zur Blüte kommen. Da der Phox dadurch kompakter wächst, können Sie auf Stützhilfen verzichten.

Duftkräuter für den Balkon

Der Kräuteranbau auf der Terrasse hat mehrere Vorteile: Gerade die mediterranen Arten entwickeln hier mehr Aroma und dazu hat man sie auch noch ganz dicht vor der Nase und kann ihren Duft viel öfter genießen. Der Weg in die Küche ist nur kurz und man holt sich viel öfter noch schnell ein paar Blättchen Basilikum für den Tomatensalat oder einen Rosmarinzweig für die Pasta-Sauce. Im selben Kasten zusammenpflanzen sollten Sie aber nur die Arten, die an das Substrat und den Standort ähnliche Ansprüche stellen. **Thymian, Majoran** und **Bergbohnenkraut** vertragen sich gut miteinander, auch **Lavendel** und **Ysop** teilen sich gerne den Topf. **Rosmarin** wächst lieber alleine in einem Gefäß und entwickelt sich dort im Laufe von zwei oder drei Jahren zu beeindruckender Größe. Ebenfalls keine Konkurrenz mag der exotische **Fruchtsalbei,** auch die wuchernden **Minzen** und ausnahmslos alle **Basilikum**-Arten haben den knapp bemessenen Wurzelraum lieber für sich. Damit die Pflanzen in Form bleiben, werden regelmäßig nur die Triebspitzen geerntet. Rosmarin, Lavendel und Salbei brauchen einen stärkeren Rückschnitt. Rosmarin wird gleich nach der Blüte, Salbei unbedingt vorher und Lavendel während der Vollblüte um etwa ein Drittel eingekürzt. Wichtig: Nicht bis ins mehrjährige Holz schneiden, sonst treiben die Pflanzen nicht wieder aus.

Junger Knoblauch im Silberblatt

Aus dem im Herbst oder Frühjahr gepflanzten Knoblauch wachsen jetzt lange Stängel, die mit einem graziösen Kringel enden. In einem silbernen Hüllblatt tragen sie viele kleine Brutzwiebeln. Diese können zwar weitervermehrt werden, es braucht aber zwei Jahre, bis richtige Knollen daraus werden.

Stachelbeeren sind eine Naschfrucht par excellence. Am besten schmecken sie ganz frisch vom Strauch.

Stachelbeeren – neue Karriere als leckeres Naschobst

Endlich reifen die ersten Stachelbeeren. Wer könnte jetzt an den Sträuchern vorübergehen, ohne zu naschen, egal, ob die Früchte noch grün, hart und ziemlich sauer oder bereits weich und zuckersüß sind und wundervoll aromatisch schmecken. Beinahe wären die anspruchslosen Steinbrechgewächse aus der Mode gekommen. Den Unmut vieler Gärtner zogen sich die Stachelbeeren weniger wegen der vielen spitzen Dornen, sondern wegen ihrer Mehltauanfälligkeit zu. Inzwischen gibt es einige widerstandsfähige Neuzüchtungen, leider fallen die meisten geschmacklich gegen die alten Sorten aus den Bauerngärten, wie

'Grüne Hansa' oder 'Rote Triumph', ab. Tipp: Die auf die nordamerikanische Gold-Johannisbeere gepfropften **Hochstämmchen** werden weniger befallen und sind viel leichter zu beernten als niedrig wachsende Büsche. Was Erwerbsgärtner ärgert, freut alle Naschkatzen: Die Beeren reifen über zwei bis drei Wochen, man erntet, ganz nach persönlichem Geschmack, immer nur die Früchte mit der genau richtigen Reife. Je nach Lage und Sorte dauert das Vergnügen dann bis in den August.

Köstliche Kirschen aus eigener Ernte

Aus Nachbars Garten schmecken die Kirschen zwar besonders gut, risikoärmer ist jedoch die Ernte im eigenen Garten. Ein Platz findet sich, sei es mitten im Rasen oder im sonnigen Vorgarten. Die Frühjahrsblüte ist so zauberhaft, dass beide Vorschläge eine Überlegung wert sind. Warum sollte dort, statt der Japanischen Zierkirsche, nicht ein »echter« Kirschbaum stehen. Und eines sei bereits vorweggenommen: Wer weiß, wie vollreife, sonnenwarme Kirschen direkt vom Baum schmecken – ob eigene oder fremde sei dahingestellt – wird alle anderen

Buchweizen gehört zu den Knöterichgewächsen. Die wertvolle Sommergründüngung blüht besonders hübsch.

verachten und mitsamt den Kernen auf den Boden spucken. Ein **Spindelbusch**, der Zwerg unter den wuchskräftigen Kirschbäumen, passt wirklich überallhin. Fragen Sie in der Baumschule nach speziell dafür geeigneten schwächer wachsenden Sorten, zum Beispiel der früh reifende 'Burlat' aus Frankreich oder der gegen Krankheiten unempfindliche 'Katalin' . Wer ein bisschen mehr Platz hat, pflanzt Halbstämme. Wenn der Kirschbaum an heißen Julinachmittagen einen schattigen Sitzplatz bieten soll, kommt nur ein **Hochstamm** in Frage. Haben Sie sich vor der Pflanzung versichert, dass in der Umgebung eine passende Befruchtersorte steht (nur wenige Sorten sind selbstfruchtbar!), gibt es nur noch ein Problem: Amseln und Stare können der Verlockung reifer Kirschen noch weniger widerstehen als die Nachbarskinder.

Aprikosen fruchten auf der Terrasse

Aprikosenbäumchen sind frosthart, empfindlich sind nur die früh erscheinenden Blüten. Kultivieren Sie die Pflanzen einfach im Kübel an einem sonnigen, windgeschützten Platz.

Gründüngung – Alleskönner im Gemüsegarten

Gründüngungspflanzen lockern und durchlüften den Boden mit vielen feinen Wurzeln. Sie bedecken das Beet mit einem dichten Pflanzenteppich und verhindern, dass die Erde durch Wind und Sonne austrocknet und verkrustet. Auch in regennassen Sommern verzichten erfahrene Gärtner lieber auf die schützende Mulchschicht, weil diese dann mehr fault als verrottet, und setzen stattdessen auf schnellwachsende Grünmasse. Selbst ein ziemlich kleiner Gemüsegarten ist kein Grund, auf eine Gründüngung zu verzichten. Schnellwachsende Pflanzen belegen das Beet nur kurz, die filigranen Berglinsen finden als Untersaat in schmalen Reihen auch zwischen den Hauptkulturen Platz. Zu den Blitzkeimern gehört nicht nur **Senf**, sondern auch **Buchweizen**. Er kommt überall da zum Einsatz, wo nach der Frühsommerernte nur wenig Zeit bis zur Pflanzung von Kohl und anderen Spätgemüsen bleibt.

Just in Time – der beste Zeitpunkt für die Kräuterernte

Thymian, Ysop, Oregano und **Bohnenkraut** sind während der Blüte besonders aromatisch. **Minze** und **Zitronenmelisse** pflückt man einige Zeit davor, solange die Blätter noch weich sind. Ein früher Rückschnitt liefert eine zweite, eventuell sogar eine dritte Ernte. Zu kleinen Büscheln gebunden, trocknen die Kräuter im luftigen Schatten in wenigen Tagen.

Wichtig im Juli

- Sommerblumen für bunte Sträuße am frühen Morgen schneiden, dann halten sie in der Vase länger.

- Der Rasen übersteht heiße Tage besser, wenn er nicht ganz so kurz geschnitten wird wie sonst.

- Stiefmütterchen, Bartnelken, Fingerhut, Maßliebchen, Sonnenhut und Goldlack aussäen.

- Johannisbeeren, Stachelbeeren und einmaltragende Himbeeren nach der Ernte zurückschneiden.

- Lieber seltener, dafür aber durchdringend gießen. Etwa zehn Liter pro Quadratmeter sind nötig, um den Boden bei Trockenheit ausreichend zu durchfeuchten.

- Eine drei Zentimeter dicke Mulchschicht aus Gartenabfällen, Beinwell- und Brennnesselblättern und angetrocknetem Rasenschnitt verhindert Verdunstung. Bei trockenem Wetter dürfen Sie dicker auftragen.

- Gurken, Kürbis und Melonen sind Flachwurzler! Bevorzugen Sie Flüssigdünger, die nicht eingearbeitet werden müssen.

- Ohne Nachbarschaftshilfe kommen die Kübelpflanzen nicht über die Urlaubszeit. Kurze Notizen über den Pflegebedarf erleichtern die »Übergabeformalitäten«.

- Zu dicht gewachsene sommer- und herbstblühende Ziersträucher können jetzt ausgelichtet und verjüngt werden. Frühjahrsblüher dürfen nicht beschnitten werden.

- Überalterte Triebe bei Johannisbeeren und Stachelbeeren dicht am Boden entfernen.

- An sonnigen Tagen Spalierobst schattieren.

Juli

Garten und Natur   Wetter, Pflanzenentwicklung, Besonderheiten

Aussaat und Pflanzung   Blumen, Rosen, Gehölze

Aussaat und Pflanzung Gemüse, Kräuter, Obst

Juli

Blüte, Blatt und Frucht   Blumen, Rosen, Gehölze

Ernte   Gemüse, Kräuter, Obst

2010 Erdbeeren ab 1.7. - ca. 16.7. →   11,3 kg

Juli

Krankheiten und Schädlinge

Blick über den Zaun
Tipps aus fremden Gärten

Juli

Pläne, Wünsche, Ideen

August

»Dem August sind Donner nicht Schande,
sie nützen der Luft und dem Lande«

August

Sommer ist es nicht mehr, und noch nicht Herbst ...

Der August teilt die Gärtner in zwei Lager – die einen schätzen das pralle Leben, ernten vergnügt die ersten Äpfel und genießen die klaren Nächte, in denen man noch lange draußen sitzen und Sternschnuppen zählen kann. Für die anderen neigt sich bereits das Gartenjahr. Phlox und Astern lösen Mohn und Nelken ab, und die ersten Aufräumarbeiten im Staudenbeet lassen sich kaum noch aufschieben.

Zeitlos schön – Zwiebelblüher für den Herbst

»Dame ohne Hemd« nennt der Volksmund die **Herbstzeitlose**, weil die Blüten oft Wochen vor den Blättern erscheinen. Die ersten zeigen

So schön war's noch nie auf der Erde. Seit Wochen schwelgt die Welt im Heugeruch. Jede Nacht ist anders. Die Milchstraße schwindet in Silberschauern, und das ganze Sternenall liegt im abendfrischen Heuduft.
KARL FÖRSTER

sich etwas verschämt, ab Mitte August entdeckt man einzelne, blasse Kelche von *Colchicum autumnale* im hohen Gras unter den Obstbäumen, dann, nach dem letzten Wiesenschnitt, treiben sie in Massen aus und bedecken ganze Hänge mit einem lila Blütenteppich. Gartenfreundlicher, weil anspruchsloser bezüglich des Standorts, sind die aus Südeuropa und Kleinasien stammenden **Herbstkrokusse** mit auffallend großen, zum Teil gefüllten Blüten in Reinweiß, Lila oder Purpurrot. Zu den schönsten Herbstkrokussen gehört der **Safrankrokus** *(Crocus sativus)*. Die Kultur ist nicht einfach, aber ungemein spannend. Kälte macht den Knollen wenig aus, vorausgesetzt, der Standort ist trocken genug und im Sommer herrscht dort eine wahre Backofenhitze. Alle anderen Herbstkrokusse pflanzt man wie diesen im August, möglichst in dichten Gruppen mit mindestens zehn Pflanzen. Im Rasen haben die Herbstschönheiten nichts verloren – es sei denn, Sie verzichten lange Zeit auf das Mähen. Die Blüten erscheinen bereits sechs bis acht Wochen nach der Pflanzung. Sollen die Krokusse auch im nächsten Jahr wieder üppig blühen, darf das grasartige, zarte Laub erst im kommenden Frühsommer entfernt werden, wenn die Blätter völlig vergilbt sind.

Der schöne Safrankrokus blüht im Herbst. Die roten Blütennarben sind das teuerste Gewürz der Welt.

Jetzt noch Zweijährige für den nächsten Blütensommer säen

Noch ist es nicht zu spät, um die zweijährigen Glockenblumen, Levkojen, Rittersporn, Vergissmeinnicht, Goldlack und Bartnelken für die Blüte im nächsten Jahr auszusäen. In der warmen, feuchten Erde eines markierten Aussaatbeetes oder in Saatschalen keimen die Samen innerhalb von 10–14 Tagen. Pikieren Sie die Sämlinge möglichst frühzeitig, damit sie sich nicht gegenseitig das Licht wegnehmen. Im Herbst erhalten sie dann ihren endgültigen Platz im Garten. Ausnahmen bestätigen die Regel: Die zarten **Sumpfblumen** *(Limnanthes),* deren hübsche, gelbe, weiß geränderte Blüten an gekochte Wachteleier erinnern, werden erst im kommenden Frühjahr verpflanzt.

Der zweijährige Fingerhut belebt mit seinen hohen, kerzengeraden Blütenständen den Gehölzrand.

Dunkelblaue Beeren

Mit den Waldheidelbeeren haben die aus Nordamerika stammenden **Kulturheidelbeeren** wenig gemeinsam. Sie gehören zwar beide zu den Erikagewächsen, unterscheiden sich aber in der Art. Mit den hübschen, weißen oder rosafarbenen Blüten, den großen, schwarzblauen, leicht bereiften Früchten und der feuerroten Herbstfärbung des Laubs sind die Kleinsträucher von Frühjahr bis Herbst attraktiv. Ein Strauch liefert bis zu sechs Kilogramm Beeren. Kombiniert man frühe, mittelfrühe und späte Sorten, reifen sie von Anfang Juli bis Mitte August. Leckermäuler, die sich heimlich über die mühsam gesammelten Waldheidelbeeren hermachen, verraten sich unweigerlich durch blaue Lippen. Die Kulturheidelbeeren färben dagegen kaum. Bei ihnen sitzen die Farbstoffe nur in der Schale, das Fruchtfleisch ist hell, meist grünlich und hat auch weniger Kerne. Ähnlich sind jedoch die Ansprüche an den Standort. Auch die Zuchtsorten brauchen einen sauren, humosen und wasserdurchlässigen Boden. Die Sträucher leben in enger Symbiose mit Wurzelpilzen, die sich an vermoderndem Holz bilden. Beim Pflanzen vermischt man deshalb ein Drittel der Erde mit Holzabfällen, Sägespänen, Laubkompost und Nadelstreu, füllt die Grube damit auf und mulcht zusätzlich den Boden um die Sträucher.

August

Eine Besonderheit unter den Kulturheidelbeeren ist die immergrüne Sorte 'Brigitta Blue'. Sie blüht in zartem Pink, die hellblauen Beeren reifen über viele Wochen. Weil die Sträucher völlig frosthart sind, eignen sie sich auch für die Kübelkultur auf Balkon und Terrasse.

Waldheidelbeeren (links) und Kulturheidelbeeren (im Korb) sind nur entfernt miteinander verwandt.

Kläräpfel – mit »Stumpf und Stiel« genießen

»Oh je!« winken die Obstbauern ab, sobald die Rede auf den **Klarapfel** kommt. Aus ökonomischer Sicht spricht viel gegen die alte Sorte:

Kläräpfel reifen schon im August. Sie schmecken am besten frisch vom Baum, lagern kann man sie nicht.

Die Früchte reifen uneinheitlich, einmal gepflückt, halten sie nur wenige Tage, und das druckempfindliche Fruchtfleisch verbieten jeden längeren Transport. Erntet man zu früh, sind die Äpfel ziemlich sauer, pflückt man sie auch nur etwas zu spät, schmecken sie zwar süß, aber mehlig. Warum also sollte man ausgerechnet Kläräpfel anbauen? Gerade deshalb, denn die, für den Erwerbsanbau negativen Eigenschaften machen die Sorte zu einer Spezialität, die auf dem Wochenmarkt kaum noch zu finden ist. Idealerweise beginnt die Ernte genau dann, wenn die letzten Erdbeeren und Johannisbeeren verarbeitet sind. Jeden Tag reifen ein paar Früchte nach, was zuviel ist, verschenkt man an Nachbarn und Freunde oder kocht daraus Kompott. Am besten schmecken Kläräpfel, wenn das helle Apfelgrün der dünnen Schale gerade ins Gelbgrüne umschlägt. Das weiche Kerngehäuse kann man einfach mitessen. Nach der Ernte, gegen Ende August, empfiehlt sich ein Sommerschnitt. Da die Bäume nur kurze Seitenäste bilden und die Krone von Natur aus schmal bleibt, ist die Arbeit schnell getan. Auch das macht den Klarapfel zum idealen Hausbaum.

Die Gartenerdbeere – ein Produkt des Zufalls

Zu den spannendsten Geschichten über botanischen Entdeckungen gehört die der Gartenerdbeere. Ein französischer Seefahrer brachte im 18. Jahrhundert ein paar Pflanzen der **Chile-Erdbeere** mit nach Hause. Sie entwickelten sich prächtig, trugen aber kaum Früchte. Der Amateurbotaniker hatte, in Unkenntnis darüber, dass diese Art rein weibliche und männliche Pflanzen hervorbringt, nur fruchttragende, also weibliche Pflanzen, als Mitbringsel ausgewählt. Erst als ein Gärtner auf die Idee kam, ein paar aus Nordamerika stammende **Scharlach-Erdbeeren** neben die chilenischen zu setzen, kam es zu einer Befruchtung der Blüten und es entstanden die Kulturerdbeeren. Zwar konnten sie die bekannten Walderdbeeren geschmacklich nicht erreichen, aber sie waren viel größer und haltbarer als diese – und sie konnten weitergezüchtet werden.

Heute ist die Sortenzahl fast unüberschaubar, und der Sortenwechsel vollzieht sich so rasch, dass jede Empfehlung bald überholt wäre. Berühmt wurden Sorten wie 'Senga Sengana' oder 'Mieze Schindler'. Von Liebhabern alter Sorten werden sie noch immer gepflanzt, obwohl beide sehr anfällig gegen Fruchtfäule und Grauschimmel sind. Neuere Sorten überzeugen nicht nur durch ihre Robustheit, sondern darunter sind inzwischen viele ebenso aromatische Züchtungen. 'Mara de Bois', eine Dessert-Erdbeere mit umwerfendem Erdbeerduft, trägt zweimal im Jahr, im Frühsommer und nochmals Ende August. Wie üblich pflanzt man auch die remontierenden Sorten Anfang August in ein sonniges, humoses Beet. Wichtig: Die Herzknospe muss knapp über der Erdoberfläche liegen. Zu hoch gepflanzte Setzlinge trocknen leicht aus und sind frostgefährdet, zu tief gepflanzte sind anfällig für Wurzelkrankheiten.

Jetzt ist Pflanzzeit für Erdbeeren. Fast jedes Jahr kommen neue, aromatische Sorten auf den Markt.

August

Schnittmangold für die Herbsternte kann jetzt noch gesät werden. Die Sorte 'Vulkan' hat feuerrote Stiele.

Zartbittere Zichorien

Zur Zichorien-Familie gehören viele interessante Salatsorten. In den Gärten sieht man meist nur Endivie, ab und zu auch Frisée und nur selten **Radicchio, Zuckerhut, Chicorée** oder die bei unseren italienischen und französischen Nachbarn beliebte **Schnitt-** oder **Treibzichorie.** Alle Salatzichorien wachsen langsamer als Kopfsalat, sind aber viel einfacher zu kultivieren und das Schneckenkorn können Sie sich sparen. Der größte Vorteil der zartbitteren Blattgemüse ist jedoch, dass sie gerade dann geerntet werden, wenn andere Gartensalate Mangelware werden, nämlich im Herbst und Winter, bis ins zeitige Frühjahr. Die Aussaat erfolgt entsprechend spät, Radicchio, Schnitt- und Treibzichorie sät man ab Mai, Zuckerhut und die verschiedenen Endiviensorten frühestens ab Juni. Folgesaaten sind bis

Mitte August möglich, für den Anbau im Frühbeet noch bis Anfang September. Schattieren Sie das Beet an heißen Sommertagen, bis die ersten Blätter erscheinen.

Feinschmeckers Spätgemüse

Grünkohl, Porree und kindskopfgroße Herbstkohlrabi, die robusten Spätgemüse also, sind nicht nach Ihrem Geschmack? Es gibt Alternativen: **Knollenfenchel,** der Star der köstlichen, italienischen Winterküche, lässt sich vielseitig zubereiten und gedeiht in jedem guten Gartenboden. Wer jetzt noch säen will, muss sich sputen! Vorgezogener Fenchel kann dagegen noch bis Mitte August ins Freiland gepflanzt werden, spätere Sätze kommen ins Frühbeet oder unbeheizte Gewächshaus.
Wer den letzten Aussaattermin für den breitrippigen **Stielmangold** verpasst hat, weicht auf **Schnittmangold** aus. Die jungen Blätter schmecken als Salat, größere werden wie Spinat zubereitet. Aus derselben Familie stam-

So keimt Petersilie sicher

Säen Sie Anfang des Monats noch einmal Petersilie ins Beet. In der warmen Erde keimen die sonst so empfindlichen Samen viel besser, als im Frühjahr. Die feuchte Spätsommerwärme sorgt außerdem für ein zügiges Wachstum. Glatte Schnittpetersilie schmeckt aromatischer und übersteht den Winter besser als die krausblättrigen Sorten.

Madonnenlilien pflanzen

Die wundervoll duftende Madonnenlilie gehört zu den am längsten kultivierten Lilienarten. Die einzelnen Blütenblätter können bis zu 15 cm lang werden. Pflanzzeit ist Anfang August, damit sich vor dem Herbst noch ein kräftiger Blattschopf bilden kann. Nicht zu tief pflanzen – die Spitze der Zwiebel sollte nur 2–3 cm unter der Erde liegen!

men **Rote Bete und Gelbe Bete.** Augustsaaten lässt man nicht mehr ausreifen, auch wenn das in milden Lagen noch gelingen mag. Feinschmecker ernten die junge Rübchen als sogenannte »Baby Beets«, sobald sie etwa tischtennisballgroß sind.

Lieblings-Pflanzen durch Stecklinge vermehren

Manchmal wünscht man, die Lieblingspflanzen würden sich wie das Unkraut einfach selbst vermehren. Doch nur Maiglöckchen oder Goldrute entwickeln einen ähnlichen Ausbreitungsdrang wie Giersch und Gundermann. Wer auch von Rosmarin und Hortensien reichlich Nachwuchs wünscht, für den lohnt sich die Anzucht aus Stecklingen. **Kopfstecklinge** werden durch einen scharfen Schnitt unterhalb eines Blattknotens gewonnen. Darauf entfernt man die unteren Blätter und stellt die Stängel in ein Wasserglas. Innerhalb weniger Tage bilden sich weiße Würzelchen. Sobald sie zwei

bis drei Zentimeter lang sind, topft man die Pflänzchen in nährstoffarmes Substrat. Bei Pflanzen die längere Zeit brauchen, um Wurzeln zu schlagen, faulen die Stecklinge an der Schnittstelle leicht. Das lässt sich leicht umgehen. Kappen Sie die Triebe erst dann, wenn der untere Teil bereits leicht verholzt ist. Statt sie im Wasser zu halten pflanzt man sie bis zur Bewurzelung in ein Torf-Sand-Gemisch oder in magere Anzuchterde. Tauchen Sie die Triebenden sofort nach dem Schnitt in Bewurzelungspulver und gießen Sie die Stecklinge mit kohlensäurereichem Mineralwasser, dann wachsen sie noch besser an.

Wichtig im August

- Werden Wickenblüten alle drei bis vier Tage für die Vase geschnitten, treiben mehr Knospen nach.

- Rosen und Kübelpflanzen ab August nicht mehr düngen, damit das Holz ausreifen kann.

- Für eine bessere Verzweigung Buchsbaumhecken um Beete und Rabatten kräftig zurückschneidenn.

- Die Zwiebeln von Kaiserkronen, Schachbrettblume und die sternartigen Wurzeln der Steppenkerze auspflanzen.

- Ackerschachtelhalm für Pilzbekämpfungsmittel und Pflanzenjauche schneiden und trocknen.

- Das Wachstum von Brokkoli darf nicht stocken: Also reichlich gießen und rechzeitig nachdüngen.

- Sobald das Laub der Sommmerzwiebeln vergilbt und von selbst umknickt, zieht man sie aus dem Boden und lässt sie in der Sonne trocknen.

August

Garten und Natur
Wetter, Pflanzenentwicklung, Besonderheiten

Aussaat und Pflanzung
Blumen, Rosen, Gehölze

Aussaat und Pflanzung   Gemüse, Kräuter, Obst

15.8.2010   25 Senga Sengana   Reihe 1-5 Neukauf
                26 Ableger unterschiedliche Sorten
                20   Walderdbeeren - Ableger

August

Blüte, Blatt und Frucht   Blumen, Rosen, Gehölze

Ernte   Gemüse, Kräuter, Obst

August

August

Blick über den Zaun   Tipps aus fremden Gärten

August

Pläne, Wünsche, Ideen

September

»Durch des September heiteren Blick
schaut noch einmal der Mai zurück«

September

Altweibersommer

Hinter dem wenig charmanten Begriff verbirgt sich eine ungemein reizvolle Jahreszeit. Die große Hitze ist vorbei, das Laub leuchtet golden und die Erde duftet. Lange Spinnweben, die »Herbstfäden«, glitzern im Sonnenlicht wie silbergraue Haare. Die Nornen, uralte nordische Schicksalsgöttinnen, sollen sie angeblich beim Kämmen verlieren. In Zeiten, in denen das Alter noch einen gewissen Respekt abverlangte, war »Altes Weib« ein weiterer Name für die dreifache Göttin Persephone, auch Kore oder Demeter genannt, die alljährlich in die Unterwelt abstieg. Sie gilt als Todesbotin: Die Natur stirbt und erwacht erst wieder im Frühjahr, wenn die Göttin auf die Erde zurückkehrt. Lange Zeit hielt sich auf dem Land der Glaube, Demeters Geist würde in der zuletzt geernteten Getreidegarbe weiterleben.

Die kapriziösen Papageien-Tulpen faszinieren durch gewellte Blütenblätter und kräftige Farben.

Tulpen – Zwiebelblüher mit Geschichte

Die Geschichte der Tulpenzucht in Europa beginnt im Jahr 1554. Ein Gesandter des österreichischen Kaisers schickte Zwiebeln und Samen aus der Türkei an den Wiener Hof. Knapp vierzig Jahre später erreichten die ersten **Tulpen** Holland und lösten dort einen fieberhaften Handel aus. Die Preise für besonders begehrte Sorten stiegen ins Unermessliche. Die weltberühmte 'Semper Augustus' brachte Sammler und Spekulanten fast um den Verstand und meistens um Haus und Hof. Das Ganze endete schließlich mit dem ersten Börsenkrach der Geschichte. Die Tulpen aber wurden weiterhin in ganz Europa angebaut. Besonders schöne Sorten entstanden Anfang des 19. Jahrhunderts. Eine davon war so beeindruckend, dass, wie die englische Zeitschrift The Garden schrieb, »...die Damen völlig verrückt nach ihr sind«. 'Murillo', und um diese Sorte handelte es sich, ist wie viele alte Sorten heute noch zu haben. Auch die beliebten modernen **Papageien-Tulpen** mit fedrig gefransten Blütenblättern haben ihren Ursprung in längst vergangenen Zeiten. Favorit englischer Gärtner sind, heute so wie damals, die eleganten **lilienblütigen Tulpen** mit reinweißen oder purpurrot geflammten, spitz zulaufenden Blütenblättern. Lassen Sie sich bei der Auswahl nicht nur von Äußerlichkeiten leiten, sondern richten Sie sich unbedingt nach den Ansprüchen der einzelnen Gruppen. Nur am passenden Standort können sich die anspruchsvollen Steppenpflanzen über viele Jahre halten. Früh blühende Tulpen brauchen viel Sonne, Spätblüher gedeihen auch im Halbschatten. Gefüllte Tulpen setzen einen vor Wind und Regen geschützten Standort voraus und blühen im Blumenkasten oft zuverlässiger als im Beet.

Boshafte Stiefmütterchen

Ebenfalls zu den Lieblingspflanzen des vergangenen Jahrhunderts gehört das **Stiefmütterchen.** »La Pensée« (franz. »der Gedanke«) ist ein Symbol für Weisheit, und noch heute sind die Blumen Erkennungszeichen der Freidenker. Meist wirken die Blütengesichter freundlich, nur manche blicken etwas mürrisch oder tatsächlich boshaft. Wirklich zu kritisieren wäre, dass bei der Sortenentwicklung die Blütengröße zeitweise ins Unsinnige getrieben wurde. Bei Regen hängen die Blütenblätter der bis zu acht Zentimeter großen »Riesen« wie nasse Lappen am dünnen Stängel. Gerade für die Winterbepflanzung eignen sich kleinblütige Sorten deshalb besser. Ausnahmslos Heiterkeit verbreiten die Miniatur-Stiefmütterchen *(Viola tricolor* und *Viola* Cornuta-Hybriden). Sie sind von Natur aus kleinwüchsig, nur den Blütenreichtum haben ihnen die Gärtner angezüchtet. Alle Stiefmütterchen eignen sich auch für die Topfkultur und – mit Ausnahme von *Viola tricolor* – als Schnittblumen für kleine Buketts

Stiefmütterchen sind maliziös, ihr Blick stets stiefmutterbös, und mancher Grashalm ruft erstaunt: Madame, schon wieder schlecht gelaunt? MASCHA KALEKO

Stiefmütterchen wirken nur in Gruppen. Das gilt für Töpfe und Schalen genauso wie für das Beet.

und Sträußchen. Wer sich nicht stiefmütterlich schimpfen lassen will, gönnt großen und kleine Arten gerade über den Winter einen möglichst hellen Platz.

Hoheit mit Bart

Die **Schwertlilie** gilt als Blume der Könige. In Frankreich heißt sie Bourbonenlilie. Für den botanischen Namen Iris stand die griechische Göttin des Regenbogens Pate. Besondere Aufmerksamkeit erregen die zweifarbigen Sorten mit weißen oder pastellfarbenen Domblättern

September

und kräftig getönten Hängeblättern in Purpur, Kupfer oder Dunkelblau. Die unteren Blütenblätter zieren auffällige, meist orange-gelbe Staubgefäße, die Bärtchen. Dadurch unterscheidet sich die Bartiris von allen anderen Irisarten. Die Hauptblütezeit endet im Juli, **remontierende Sorten** warten zwischen August und Oktober nochmals mit einer reichen Nachblüte auf. Als besonders verlässlich gelten dabei 'Autumn Encore', 'Lovely again', 'Lugano' und 'Suky'. Wie alle *Iris*-Barbata-Hybriden gehören auch sie zu den Sonnenanbetern. Staunässe ist für die Rhizome tödlich!

Ihre Hoheit, die Schwertlilie, trägt auf den unteren Blütenblättern kleine, gelbe Bärtchen.

Man pflanzt sie im Herbst an einen trockenen, warmen Platz und bedeckt die Wurzeln nur wenige Zentimeter mit sandiger Erde. Einfache, kleinblütige Iris-Sorten können viele Jahre ungeteilt stehen bleiben, die aristokratischen Bartiris sollten alle vier bis fünf Jahren geteilt und verpflanzt werden.

Streuner im Beet

Einjährige Sommerblumen lassen sich problemlos aus Samen ziehen. Frostempfindliche Arten wie Bartnelke, Feuersalbei, Portulakröschen, Sommerastern und Zinnien sät man im Frühjahr. Die Samen von **Jungfer im Grün, Goldmohn, Kornblume, Muschelblume, Ringelblumen** und **Cosmeen** sind dagegen völlig frosthart. Lässt man die Blütenstände der besonders kräftigen und blühwilligen Pflanzen ausreifen, säen sie sich, oft weit von der Mutterpflanze entfernt, meist selbst aus. Auch viele Zweijahresblumen vagabundieren so durch den ganzen Garten. Wer die Standortwahl von **Stockrose, Fingerhut, Königs-**

Der Goldmohn sät sich selbst aus. Die »Schlafmützchen« öffnen ihre Blüten erst am späten Vormittag.

kerze und **Maßliebchen** *(Bellis)* noch beeinflussen möchte, sollte die oft unscheinbaren Blattrosetten der verschiedenen Arten beim Jäten, Ausdünnen und Umpflanzen sicher vom Unkraut unterscheiden können. Sonst übernehmen statt Nachtkerze und Silberblatt im nächsten Jahr Franzosenkraut und Knoblauchrauke die Vorherrschaft.

Von wegen Mauerblümchen – Clematisblüte im Herbst

Clematis kauft man am besten im Frühherbst, denn zu dieser Zeit lässt sich leichter beurteilen, ob die Pflanzen gesund sind. Vergilbtes, welkes oder spärliches Laub und dürre, gefleckte Triebe können ein Hinweis auf Welkekrankheiten sein! Die Mehrzahl der **Waldreben** blühen im Frühjahr oder Sommer. Weniger bekannt sind die herbstblühenden Arten, die sich jetzt in den Gartencentern begutachten lassen. Zu den Schönsten gehört die gelb blühende botanische *Clematis orientalis* und *C. intricatavier. C. tangutica* 'Anita' trägt sternförmige, weiße Blüten. Ebenfalls weiß blüht *C. maximo-*

wicziana. Sie verlangt ausnahmsweise eine Südlage und möglichst viel Sonne. Das gilt auch für *C. rehderiana.* Sie ist leicht aus Samen zu ziehen, trägt zartgelbe, glockenförmige Blüten und betört durch zarten Schlüsselblumenduft. Vermeiden Sie bei Neupflanzungen die zwei »Kardinalfehler«: Um den Waldreben die viel zitierten »schattigen Füße« zu verschaffen, werden Bodendecker oder Kleinsträucher oft unmittelbar davor gesetzt. Vermeiden Sie unnötige Konkurrenz in der Wurzelzone, besser ist eine dicke Schicht aus Rindenmulch. Pflanzen Sie möglichst dicht ans Rankgerüst und nicht, wie häufig empfohlen, ein Stück von der Wand entfernt. Das führt nämlich zwangsläufig dazu, dass viele Triebe nicht in die Rankhilfe hineinwachsen, sondern die Gegenrichtung einschlagen. Doch warum nur an eine Mauer pflanzen? Noch

Bei *Clematis tangutica* bilden die Früchte (Nüsschen) eine reizvolle Ergänzung zu den gelben Blüten.

September

immer ranken Clematis, wie an ihrem natür-
lichen Standort, viel lieber über Sträucher
hinweg oder klettern übermütig in die Kronen
kleiner Bäume. So verlockend es wäre, mit
ihren blühenden Ranken der tristen Koniferen-
Pflanzung im Vorgarten ein wenig Leben ein-
zuhauchen, gerade dieser Übermut passt leider
überhaupt nicht zu den starren Nadelgehölzen.
Und keiner echten Waldclematis würde es
einfallen, wie ein ungezogenes Kind die Fried-
hofsruhe zu stören.

**Artischocken sind ein ganz besonderes Ziergemüse.
Die edlen Disteln brauchen aber sehr viel Wärme.**

Gemeine Kratzdisteln und leckere Edeldisteln

Disteln schlicht als Unkraut zu bezeichnen ist
schon fast eine Frechheit. Selbst die gewöhn-
liche **Gänsedistel** hat ihre Aufgabe. Macht sich
die stickstoffliebende Art zwischen Salat und
Gemüse breit, ist dies stets ein Hinweis darauf,
dass man mit der Nährstoffversorgung etwas
zurückhaltender sein sollte. Die **Acker-Kratz-
distel** weist auf Bodenverdichtungen hin –
vielleicht hat man bei der Erdbeerernte doch
zuviel im Beet herumgetrampelt oder nach
Regengüssen viel zu früh und zu tief gehackt.
Die markante **Kugeldistel** ist eine wahrer
Schmetterlingsmagnet. Sie gehört mit ihren
metallblauen Blütenkugeln und dem jetzt
noch dichten, dunkelgrünen Laub zu den
wertvollsten Stauden im Septembergarten.
Den Ruf der **Artischocken** braucht man gar
nicht erst zu verteidigen: Die fest geschlos-
senen Blütenknospen sind eine Delikatesse,
Gartenfreunde verwenden die Pflanzen als
beeindruckende Solitärstaude. Die Blüten
der **Mariendistel,** eine bereits seit der Antike

Schneckenjagd

Am Ende des Sommers begeben sich die
gefräßigen Weg- und Ackerschnecken auf
Partnersuche. Legen Sie jetzt Holzbretter,
Rhabarberblätter oder andere Unterschlupf-
möglichkeiten aus, dann können Sie die
Plagegeister noch vor der Eiablage absammeln und vernichten.

bekannte Heilpflanze, werden erst geerntet, wenn die Hüllblätter völlig abgetrocknet und die Samen ausgereift sind. Der darin enthaltene Wirkstoff Siliymarin unterstützt die Leberfunktion und soll sogar bei Vergiftungen helfen.

Wider das Umgraben – Bodenpflege im Herbst

Gartenbeete umgraben oder nur tief lockern? Eine Diskussion über die Art der herbstlichen Bodenbearbeitung kann heftige familiäre oder nachbarschaftliche Konflikte auslösen. Welche Maßnahme wirklich richtig ist, unterscheidet sich nicht nur von Garten zu Garten, sondern manchmal auch von Beet zu Beet. Bei schweren, staunassen Böden gibt es kaum eine Alternative zum **Umgraben.** Hat Dauerregen auf sehr leichten, sandigen Standorten einen Teil der Lehm- und Humusbestandteile in tiefere Schichten verlagert, kann der Spaten ebenfalls nützlich sein. Auf gut gepflegten, humusreichen Böden genügt die gründliche

Lockerung mit dem Kultivator oder Sauzahn. Anschließend bedeckt man die Beete mit einer dicken Mulchschicht aus Grobkompost und Häckselgut. Darunter entsteht bis zum Frühjahr krümelige, lockere, beinahe schon saatfertige Gartenerde. Wer den Kampf gegen verhärtete Lehmknollen, Verdichtungen und Humusschwund nicht jedes Jahr aufs Neue führen will, sollte das Winterhalbjahr für die Einsaat einer **Gründüngung** nutzen. Eine Mischung aus Inkarnatklee, Zottelwicke und Weidelgras *(Landsberger Gemenge)* eignet sich für alle Böden. Die Zottelwicke alleine gedeiht bestens auf sandigem Lehm.

September

Garten und Natur   Wetter, Pflanzenentwicklung, Besonderheiten

Aussaat und Pflanzung   Blumen, Rosen, Gehölze

September

Aussaat und Pflanzung — Gemüse, Kräuter, Obst

September

Blüte, Blatt und Frucht   Blumen, Rosen, Gehölze

September

September

September

Blick über den Zaun
Tipps aus fremden Gärten

September

Pläne, Wünsche, Ideen

Oktober

»Späte Rosen im Garten
lassen den Winter noch warten«

Oktober

Goldener Oktober

Wer hat schon Lust, den Garten aufzuräumen, wenn die Oktobersonne zu einem Spaziergang durch den bunten Herbstwald oder einem letzten gemütlichen Stündchen im Liegestuhl unter dem Apfelbaum lockt. Doch kaum hat man sich zurückgelehnt, ist es vorbei mit der Ruhe. Statt der Rasenmäher, deren Lärm wir uns, zumindest für diese Saison, endlich entronnen glaubten, dröhnen nun die Laubsauger durch die Gärten. Sauber gehäckselt, wird die herbstliche Farbenpracht direkt aus dem Auffangsack in den Mülleimer entsorgt oder landet im besten Fall auf dem Kompost. Vorbei mit dem Gelächter der Kinder, wenn eine kurze Böe den mühsam zusammengeharkten

Dies ist ein Herbstag, wie ich keinen sah.
Die Luft ist still, als atmete man kaum.
Und dennoch fallen raschelnd fern und
nah, die schönsten Früchte ab von jedem
Baum.
Oh, stört sie nicht, die Feier der Natur. Dies
ist die Lese, die sie selber hält, denn heute
löst sich von den Zweigen nur, was vor
den milden Strahl der Sonne fällt.
CHRISTIAN FRIEDRICH HEBBEL

Blätterhaufen wieder in alle Winde zerstreut, vorbei mit dem ruhigen Samstagnachmittag, an dem man ein wenig in Melancholie versinken und ganz für sich vom langen Sommer Abschied nehmen wollte.

Die silbrigen Rispen des Chinaschilfs werden im Herbst zum Blickfang im Staudenbeet.

Die schönsten Gräser für den Herbstgarten

»Wer Herbstgarten sagt, muss auch Silberfahnengras, Kupferhirse und Lampenputzergras sagen«, so die Meinung des passionierten Staudenzüchters Karl Förster und – Recht hat er! Golden, bronzefarben, honiggelb oder kastanienbraun leuchten die schmalen Halme im weichen Gegenlicht und verhindern erfolgreich, dass die ersten Morgennebel Novembertristesse aufkommen lassen. Ergänzen muss man Försters Aufzählung um die vielen schönen Sorten des **Chinaschilfs,** um **Federgras** und **Goldbandleistengras.** Letzteres ist mit seinen grazilen, überhängenden, goldgelb geränderten Halmen schon im Sommergarten

Nachsaison: Allmählich müssen die Zimmerpflanzen aus der Sommerfrische wieder zurück ins Haus. Draußen bleiben darf der Zierkohl. Er übersteht auch im Topf einige Minusgrade und färbt sich jetzt immer intensiver.

eine Attraktion, jetzt verbirgt es das schnell verbräunende Laub der Raublattastern und lenkt den Blick auf die hoch über dem Beet stehenden pinkfarbenen oder violetten Strahlenblüten. Fast eine Rarität ist das anmutige **Plattährengras.** Die großen, wie platt gedrückt wirkenden Ähren nicken an zarten Halmen. Pflanzen Sie die feuchtigkeitsliebenden Horste mit ein wenig Abstand zwischen Funkien und die noch bis in den November blühenden Krötenlilien. Alle mehrjährigen Ziergräser sind ausreichend frosthart – allerdings erst, wenn sie gut eingewurzelt sind! Neupflanzungen riskiert man jetzt nur in milden Lagen. Wo der Winter rauer werden kann, verschiebt man

sie besser auf das kommende Frühjahr. Auch bereits vorhandene Horste sollten jetzt nicht mehr geteilt werden. Wer die schönen rötlichen, gelben und braunen Blätter und die hellen Rispen den ganzen Winter über stehen lässt, macht Meisen, Stieglitz und anderen Samenfressern eine große Freude.

Nachsaison – bunte Kästen mit Besenheide und Erika

Topfchrysanthemen, Torfmyrte, kleinblütige Herbstastern, Silberblatt und Strauchveronika lösen jetzt die Sommerblumen ab. Zu den be-

Oktober

Die reifenden Früchte der Lampionblume (Blasenkirsche) sind umgeben von einem orangeroten Kelch.

liebtesten Topfpflanzen für die Nachsaison gehört das Heidekraut. Besonders üppig blüht die **Glockenheide** *(Erica gracilis)*, allerdings überstehen die Blütentrauben kaum die ersten Nachtfröste. Viel ausdauernder sind die knospenblühenden Auslesen der **Besenheide** *(Calluna)*. Die Farbenpracht der rosaroten, weißen, lila oder weinroten Sorten hält bis Dezember. Das passt gut, denn genau dann beginnt die **Winter- oder Schneeheide** *(Erica carnea)* zu blühen. Kombinieren Sie die Heidekrautgewächse in nicht zu großen, aber tiefen Pflanzgefäßen mit Efeu und Freiland-Alpenveilchen. Zu den Attraktionen im Herbst gehört der **Zierkohl.** Von den großen Rosetten

gibt es viele originelle Spielarten: rund, gefiedert oder gekraust, grün mit weißer Mitte, dunkelrot mit hellroter Mitte oder grün mit pinkfarbener Mitte. Die intensive Färbung setzt erst ein, wenn die Temperaturen fallen.

Rote Laternen – charmante Wucherer am Gartenzaun

Haben Sie die **Lampionblumen** schon bemerkt, die im Sommer unter dem Zaun durchgewachsen sind? Vor Herbsteinbruch ist mit den Pflanzen nicht viel Staat zu machen, doch dann verzaubern sie mit ihren ziegelroten Laternchen auch die ein wenig vernachlässigten Gartenecken. Einige Teile der Lampionblume *(Physalis alkekengi)* sind leicht giftig, doch das trifft auch auf Kartoffeln oder andere Nachtschattengewächse zu. Die reifen Beeren im Inneren der Kelche gelten als genießbar. Trotzdem sollte man zum Essen lieber die nah verwandte Andenbeere oder Kapstachelbeere *(Physalis peruvianum)* anbauen. Die Lampions bleiben grün und werden später pergamentartig, dafür reifen an einem klimatisch günstigen warmen, sonnigen Standort im Herbst eine Unmenge von orangefarbenen Beeren. Diese schmecken übrigens sehr viel besser als die saure Importware aus dem Supermarkt. Die »nichtsnutzigen« Zierlampions sind win-

> *Ich könnte die Lampionblume sein, in der Jugend nichtsnutzig, spät erleuchtet, im Alter eroberungssüchtig.* JOHANNES ROTH

terhart und ihre Neigung zum Wuchern kann Ärger bereiten. Überlegen Sie also gut, ob sie ihnen einen Standort an der Grenze zum Nachbarn zuweisen. Wählt man das Staudenbeet als Kulisse, pflanzt man sie einfach hinter dicht gewachsene Sommerblüher, die den Blick auf die hübschen Herbstlaternchen erst nach dem Rückschnitt freigeben.

Erntedank – Kürbisse für den Wintervorrat

Der **Kürbis** ist das ideale Gewächs für faule Gärtnerinnen und Gärtner, spotten die, die es nicht besser wissen. Von der Aussaat im April bis nach dem Start brauchen die Pflanzen tatsächlich kaum Aufmerksamkeit. Doch vorher quält man sich durch seitenlange Sortenlisten und muss unter einer Vielzahl von Kriterien entscheiden. Kürbissorten gibt es nämlich wie Sand am Meer, und es ist gut, dass die Fensterplätze begrenzt sind, denn sonst würde man viel mehr Varianten aussäen, als der Garten jemals aufnehmen könnte. Anschließend heißt es, die hungrigen Gewächse bis zur Ernte regelmäßig, aber nie zu üppig mit Nährstoffen zu versorgen. Bis zum Herbst darf man auch die zwei großen Kürbisfeinde nicht aus den Augen verlieren: Gegen Mehltau hilft das Stäuben der

Die Kürbisfamilie hat unzählige Formen und Farben hervorgebracht. Auch in der Küche erweist sich der Kürbis als Verwandlungskünstler. Ausgereifte Kürbisse lassen sich problemlos bis zum Frühjahr lagern.

Oktober

Blätter mit Steinmehl, gegen Schnecken, die anscheinend nichts mehr lieben als Kürbisblüten, nur das allmorgendliche Absammeln. Je länger die Winterkürbisse auf dem Beet bleiben, desto besser ist ihre Lagerfähigkeit. Bis zur Ernte bettet man sie auf Stroh oder unterlegt ein Holzbrett, damit sie nicht vorzeitig faulen. Reife Kürbisse erkennt man an der intensiven Färbung und dem leicht verholzten Stiel. Lagern Sie die Früchte möglichst kühl und luftig, aber unbedingt frostfrei, dann halten sie bis ins Frühjahr.

Madenfrei und pflegeleicht: Herbsthimbeeren

Die letzten Früchte der Herbsthimbeeren reifen im Oktober, gleichzeitig beginnt schon wieder die Pflanzsaison für die neuen Sorten. Vorteil der herbsttragenden Sträucher: Der Ertrag ist überdurchschnittlich hoch, ebenso die Widerstandsfähigkeit gegen die Rutenkrankheit. Weil Herbsthimbeere erst blüht, wenn die Eiablage des Himbeerkäfers längst vorüber ist, gibt's auch keine Maden.

Fluch oder Segen – wohin mit dem Herbstlaub?

Ein bisschen Stöhnen ist erlaubt, angesichts des Blättersegens, den der Herbstwind jetzt von den Bäumen fegt. Aber eigentlich kommt

das viele Laub als schützende Decke für Boden und Pflanzen jetzt gerade recht. Nur der **Rasen** verträgt es nicht, wenn er mit Blättern bedeckt ist, und die Gartenwege werden schon nach einer Nebelnacht zur Rutschpartie. Also fegt man sie mit dem Fächerbesen unter die Gehölzgruppe am Zaun, mulcht damit das Rosenbeet, die Himbeeren und den Boden rund um die Glyzinie oder packt sie in eine Ecke, damit sich die Igelfamilie darin gemütlich einrichten kann. Eingepackt in eine wärmende Blätterdecke überstehen auch die Blütenstauden und ausdauernden Kräuter längere Frostperioden ohne Schaden. Unter der isolierenden Schicht bleiben viele Bodenlebewesen aktiv und verwandeln bis zum Frühjahr den größten Teil des Laubs in dunklen Humus. Der Rest kommt auf den **Kompost.** Zusammen mit Rasenschnitt, Ernteabfällen vom Gemüsebeet, Küchenresten sowie Schnittgut von Sträuchern und Stauden entsteht daraus in wenigen Monaten humusreicher Dünger.

Aus Herbstlaub und anderen Grünabfällen entsteht in wenigen Monaten humusreicher Reifkompost.

Obstgehölze auf schwach wachsenden Unterlagen eignen sich auch für kleine Gärten.

Obstgehölze für kleine Gärten

Eigentlich gibt es zu einem richtig großen Apfel- oder Birnbaum keine Alternative. Wo soll, bitte schön, die Schaukel hängen, die nur dann richtig schwingt, wenn die Seile lang genug sind? Im Hinblick auf eine reiche Obsternte erfüllen jedoch auch kleine Baumformen ihren Zweck. Ein **Halbstamm** hat einen Kronendurchmesser von etwa sechs, ein **Viertelstamm** von nur zwei bis drei Metern. Ein Pflanzabstand von gut einem bis eineinhalb Metern genügt für Buschbäume oder **Schlanke Spindeln, Superspindeln** beanspruchen sogar nur die Hälfte. Beide Baumformen können deshalb auch an der Grundstücksgrenze gepflanzt werden. Mit der Zeit berühren sich die Äste und bilden eine dichte Hecke. Da **Birnen** viel kälteempfindlicher sind als Äpfel, empfiehlt sich für Spätfrostlagen die Erziehung am Spalier an der sonnenbeschienenen Hauswand. Verzichten Sie dabei

auf den üblichen Winterschnitt. Schneiden Sie Spalierobst ab Mitte Mai, Spindelbäume und Halbstämme erst ab Juni, am besten zweimal im Abstand von zwei bis drei Wochen. Dadurch lässt sich die gewünschte Baumform viel schneller erreichen und die Bäume bilden schon in den ersten Jahren nach der Pflanzung reichlich Fruchtknospen.

Wichtig im Oktober

- Sammeln Sie beim Abräumen der Feuerbohnen, Wicken und Prunk- und Sternwinde ein paar reife Samen für die Aussaat im nächsten Jahr.

- Spornblumen, Konkardenblumen, Mädchenauge und Margeriten blühen im nächsten Jahr üppiger, wenn sie jetzt um zwei Drittel zurückgeschnitten werden.

- Die meisten Kübelpflanzen müssen jetzt ins Winterquartier. Vor dem Einräumen ein paar Tage nicht mehr gießen, dann fällt der Transport leichter!

- Mitte Oktober ist der beste Pflanztermin für Laub abwerfende Gehölze und ausdauernde Kletterpflanzen wie Wilder Wein, Efeu und Jungfernrebe.

- Fehlen Laub oder Stroh als Wintermulch, häufelt man Pastinaken und andere Wintergemüse mit lockerer Erde an.

- Wühlmause bekämpft man im Herbst, solange der Boden noch offen ist. Fallen sind jetzt wirkungsvoller als Giftköder.

- Basilikum und Majoran aus dem Beet holen und eintopfen für die späte Ernte am sonnigen Fenster.

- Taucht man Äpfel nach der Ernte für zwei Minuten (nicht länger!) in 53 Grad warmes Wasser, werden sie weniger von Fruchtfäule befallen.

Oktober

Garten und Natur   Wetter, Pflanzenentwicklung, Besonderheiten

Aussaat und Pflanzung   Blumen, Rosen, Gehölze

Oktober

Aussaat und Pflanzung Gemüse, Kräuter, Obst

Oktober

Blüte, Blatt und Frucht   Blumen, Rosen, Gehölze

Ernte Gemüse, Kräuter, Obst

Oktober

Krankheiten und Schädlinge

Blick über den Zaun   Tipps aus fremden Gärten

Oktober

Pläne, Wünsche, Ideen

November

»November tritt oft hart herein,
braucht nicht viel dahinter sein«

November

Es hat auf die Rosen geschneit ...

Schien es im Oktober nur ein Spiel, der Nebelmonat meint es ernst. Der erste Schnee rafft die allerletzte Rose dahin. »Suddelwetter« wechselt mit Hochdrucklagen, an denen die tiefer stehende Sonne jedoch den Durchbruch nicht schafft. Nur in den Bergen kann man die herrliche Fernsicht genießen, in den Niederungen bleibt es grau und trüb. November ist auch der Monat, in dem man der Verstorbenen gedenkt und die Gräber schmückt. Schöne Kulisse für Kränze und Gestecke sind immergrüne Bodendecker. Die **Zwergmispel** wächst überall und lässt sich leicht in Form schneiden. Ebenfalls für Sonne und Schatten eignet sich das **Ysander** *(Pachysandra terminalis)*. Der Zwergsorte 'Green Carpet' wird nur 15 Zentimeter hoch und überzieht den Boden mit einem dichten Blätterteppich.

Es grünt so grün

Angeblich machen Nadelgehölze wenig Arbeit und sind zu jeder Jahreszeit gleichermaßen attraktiv. Meist ist die willkürliche Ansammlung von Scheinzypresse, Zwergkiefer und Lebensbaum einfach nur trostlos. Natürlicher

Buchs gehört zu den Klassikern unter den heimischen Immergrünen. Die Römer haben ihn bei uns eingebürgert.

als eine Koniferengruppe wirken **einheimische, immergrüne Laubgehölze,** die einzeln zwischen Laub abwerfenden Sträucher und Bäume gepflanzt werden. **Stechpalmen** *(Ilex aquifolium)* stehen straff aufrecht und können im Laufe vieler Jahre bis zehn Meter hoch werden. Kleinwüchsige Auslesen beschränken sich auf zwei bis drei Meter. *Illex aquifolium* 'Pyramidalis' fällt nicht nur wegen der streng pyramidenförmigen Krone auf. Die großen, korallenroten Beeren sind im Winter ein echter Blickfang – leider dauert es nicht lange, bis sie auch von den Amseln entdeckt und geraubt werden. Die Blüten der **Wintergrünen Ölweide** *(Elaeagnus × ebbingei)* öffnen sich im November. Sie sind eher unscheinbar, ihr Duft steigt einem jedoch sofort in die Nase. Die Blätter sind dunkelgrün, die Unterseite ist von silbrigen Schuppen bedeckt. Die Sträucher wachsen etwas sparrig, machen sich aber gut in der Hecke und vertragen einen strengen Rückschnitt. Eine Besonderheit ist **Efeu** – nicht der allseits bekannte Bodendecker, sondern die nicht mehr rankende Altersform mit strauchförmigem Wuchs. Die weißen Blüten erscheinen erst im Spätherbst, im Winter reifen die schwarze Beeren. Auch sie sind bei den Vögeln sehr beliebt. Die kugeligen, bis zu eineinhalb Meter hohen Büsche werden in der Baumschule aus Jahrestrieben eines alten Efeus vermehrt.

Alle immergrünen Laubgehölze mögen im Winter keine Morgensonne. Man pflanzt sie deshalb bevorzugt an der Südwest- oder Westseite des Hauses oder im Schattenbereich größerer Bäume. Im ersten Winter schützt eine dicke Mulchschicht die Wurzeln.

Hohle Schilfstängel und Gräser sorgen dafür, dass der Teich auch im Winter nicht vollständig zufriert.

Gefahr am Gartenteich

Ausgewachsene Igelmännchen beginnen ihren Winterschlaf schon Anfang des Monats, Jungtiere und Weibchen finden noch keine Ruhe. Streifzüge zum Gartenteich sind jetzt besonders beliebt, das Feuchtgebiet lockt mit einem reichen Schneckenangebot. **Igel** sind aber alles andere als gute Schwimmer. Wagen sie sich zu weit vor, müssen sie jämmerlich ertrinken. Rettung versprechen kleine Bretter mit quer darüber genagelten Leisten, die als Ausstiegshilfe an steilen Uferbereichen ausgelegt werden. Da man die Gummistiefel nun schon

November

einmal anhat, können dabei auch gleich die nötigen Maßnahmen für den Winterschutz am Teich in Angriff genommen werden. Bevor Laub und abgestorbene Pflanzenreste herausgefischt werden, bringt man die Ableger der empfindlicheren Wasserpflanzen ins Winterquartier. Keinen Frost vertragen **Muschelblumen, Feenmoos und Schwimmfarn. Hornblatt, Wasserschlauch, Wasserfeder, Wasserpest** und **Seerosen** bleiben im Teich. Ab einer Wassertiefe von mindestens einem halben Meter müssen die Fische nicht ins Aquarium umziehen, sondern können am Grund überwintern. Gräser, Rohrkolben und andere Pflanzenstängel sorgen für die nötige Sauerstoffzufuhr, wenn das Gewässer zufriert. Ein Strohballen dient ebenfalls als Eisfreihalter, bei kleinen Teichen stopft man das Stroh

in ein Einkaufsnetz. Tipp: Holen Sie sich beim Bauern reines Roggenstroh, dann gibt es im nächsten Jahr weniger Probleme mit Algen.

Ein Hausbaum für jeden Fall

Ein Hausbaum soll es sein, aber für Linde und Kastanie ist wirklich kein Platz? Kleinbäume wie Zierapfel und Kugelahorn mit einem Kronendurchmesser von wenigen Metern erfüllen diese Aufgabe mit Bravour und passen auch auf ein Reihenhaus-Grundstück. Der **Vielblütige Apfel** *(Malus floribunda)* trägt seinen Namen zu Recht. Im Frühjahr sind die malerisch überhängenden Äste mit Blüten übersät. Den Sommer über tritt der kleine Baum ein wenig in den Hintergrund, im Herbst trumpft er noch einmal auf. Unzählige kirschgroße Äpfelchen glänzen zwischen orangerotem Laub. Leider sind sie so fürchterlich sauer, dass sie Adam ganz bestimmt vor dem Sündenfall bewahrt hätten. Bei Sorten wie 'Red Sentinel' und 'Rudolph' bleiben sie bis in den Winter haften. Ein Baum für alle Fälle ist der **Kugelahorn.** Er toleriert alle Bodenarten, ist enorm frosthart, trotzt Wind und Sturm, verträgt Hitze und Trockenheit und behält seine Form über viele Jahre. Die gelbgrünen Blüten erscheinen vor dem Laub und lassen den Baum bis zur nächsten Straßenecke leuchten. Im Herbst sorgt das goldene Blattwerk für einen ebenso spektakulären Auftritt. Weit weniger bekannt ist die anspruchslose **Kugel-Steppenkirsche** *(Prunus fruticosa).* Das auf einen Hochstamm veredelte sommergrüne Bäumchen trägt im April große weiße Blüten-

Die kirschgroßen Früchte der Zieräpfel schmücken die kahlen Zweige bis in den späten Winter.

dolden, an denen sich bald darauf die nur erbsengroßen Kirschen entwickeln. Mit einer Kronenbreite von höchsten zweieinhalb Metern und einer Höhe von drei bis fünf Meter ist die Minikirsche fast schon kübeltauglich. Noch ein Hinweis: Lichten Sie Kugelbäume nur vorsichtig aus, der oft praktizierte Schnitt »auf Zapfen« führt in vielen Fällen dazu, dass beim Neuaustrieb ganze Zweigpartien absterben.

Zartes Gemüse aus dem dunklen Keller

Das Antreiben von Löwenzahn macht schon deshalb Spaß, weil es so einfach ist. Am besten eignet sich **Kulturlöwenzahn.** Etwas herber schmecken die Blätter des **wilden Löwenzahns,** der in nährstoffreichen Gartenbeeten ebenfalls dicke, treibfähige Wurzeln entwickelt. Heben Sie die Pflanzen mit der Grabgabel vorsichtig aus der Erde. Noch vorhandene Blätter

Topft man die dicken Wurzeln des Kulturlöwenzahns, lassen sie sich wie Chicorée im Keller antreiben.

Rhabarber darf umziehen

Nimmt der Rhabarber im Gemüsebeet einfach zu viel Platz ein? Jetzt ist der beste Zeitpunkt, ihm einen neuen Standort zuzuweisen. Warum nicht am Teichrand? Dort passt das dekorative Gemüse nämlich richtig gut hin: Rhabarber braucht humusreiche, feuchte Erde und lichten Halbschatten. In der Sonne verdunsten die riesigen Blätter zu viel Wasser. Passende Gesellschafter sind Königsfarn, Lungenkraut und Wiesenraute.

werden kurz über dem Ansatz abgeschnitten. Nun stellt man die beinigen Wurzeln, wie beim Chicorée-Treiben, dicht an dicht, in einen schwarzen Eimer oder in große Tontöpfe, bedeckt sie mit sandiger Erde und wässert gründlich nach. Ein weiterer Topf oder Eimer in derselben Größe wird über die Kultur gestülpt. An einem geschützten Platz, bei Temperaturen unter acht Grad Celsius, verharren die Pflanzen in Winterruhe und überstehen sogar Minusgrade. Nach Bedarf holt man Topf um Topf ins Haus. Im warmen Heizungskeller entwickeln sich innerhalb von zwei bis drei Wochen kräftige, hellgelbe Blattschöpfe. Wem die Kellerkultur zu aufwändig ist, bedeckt den Löwenzahn einfach auf dem Beet mit einer dünnen Laubschicht und stülpt ebenfalls einen schwarzen Eimer darüber. Ab Ende Februar können Sie mit einer ersten Ernte rechnen.

November

Delikates Wintergemüse: Schwarzwurzeln holt man erst kurz vor der Zubereitung in die Küche.

würzige Geschmack erinnert eher an süße Mandeln, und damit gehören Schwarzwurzeln zum Besten, was der winterliche Gemüsegarten zu bieten hat. Am meisten Aroma haben die Stangen, wenn man sie erst am Tag der Zubereitung aus dem Beet holt. Eine Decke aus Stroh oder Reisig schützt die Reihen vor dem Durchfrieren, so dass jederzeit geerntet werden kann. In sehr milden Lagen können Sie die ausdauernden Korbblütler jetzt sogar noch nachsäen. In frostgefährdeten Gebieten sät man besser ab März oder erst im August. Je länger die Vegetationszeit, desto dicker werden die Wurzeln. Anders als Pastinaken oder Möhren schmecken sie auch dann noch, wenn die Pflanzen bereits Blüten bilden.

Magische Pflanzen, zauberhafte Gärten

Nutz- und Zierpflanzen sind oft viel mehr für uns als nur Nahrung oder Gartenschmuck. Gerade unter den Kräutern gibt es einige, de-

Imagekampagne für Schwarzwurzeln

Schwarzwurzeln gelten als »Arme-Leute-Spargel«, und genau das hat ihr Image gründlich verdorben. Derartige Vergleiche mögen gut gemeint sein, doch letztendlich schaden sie dem feinen Gemüse. Wer auf Spargelaroma hofft, kann nur enttäuscht werden. Der mild-

Schlehen sammeln gegen November-Tristesse

Für Schlehenlikör braucht man etwa ein halbes Pfund Früchte, für Schlehenmus ein Kilogramm. Warten Sie mit dem Sammeln bis nach dem ersten richtigen Frost. Dann haben pflanzliche Enzyme die Gerbstoffe reduziert, die Beeren sind weicher und weniger herb. Das klappt nur am Strauch und nicht in der Tiefkühltruhe!

nen über ihre Heilwirkung hinaus auch magische Kräfte zugeschrieben werden. Der **Gartensalbei** hilft gegen Halsschmerzen, und soll auch als Sympathie- und Liebeszauberpflanze seine Wirkung nie verfehlen. Salbei ist außerdem Bestandteil des Kräuterbuschens. Sechs Kräuter müssen es mindestens sein, die an Mariä Himmelfahrt in die Kirche getragen werden. Es gibt aber auch Büschel mit magischen neun, zwölf, fünfzehn oder neunzehn Arten. Unbedingt dabei sein müssen **Schafgarbe, Johanniskraut, Minze** und **Wermut.** Die **Königskerze** sitzt als Zepter immer in der Mitte. **Alant,** der »Elfenampfer«, ist Sonnensymbol und kann laut Volksglauben Dämonen abwehren. Eine Alantwurzel über der Haustüre schützt vor Blitzschlag. Noch geheimnisumwobener ist die **Silberweide.** Sie liefert nicht nur Reisig für den Hexenbesen, sondern gilt auch als Symbol für Fruchtbarkeit und Wiedergeburt in der Natur. Wissenschaftlich belegt ist die schmerzstillende und fiebersenkende Wirkung des Salicilins in ihrer Rinde. **Weinraute** schmeckt ziemlich bitter, macht aber einfallsreich und man kann damit Geister vertreiben, die nachts im Haus herumspuken. Und die alles überragende **Echte Engelwurz** sollte man schon deshalb im Garten haben, weil sie gegen Zauberei hilft.

Nicht nur bei der Pflanzenauswahl, auch bei der Anlage eines magischen Gartens greift man gerne auf Symbole zurück. Vier in einem Quadrat angeordnete Beete stellen die Elemente Feuer, Erde, Luft und Wasser dar. Sie werden durch ein Wegekreuz unterteilt. Die vertikale Linie symbolisiert Männlichkeit, horizontal verläuft der »weibliche Weg«, und ein als Inkreis angelegter schmaler Pfad repräsentiert das alles umfassende Firmament.

Wichtig im November

- Pampasgras verträgt keine Winternässe. Bindet man die Halme schopfartig zusammen, ist das »Herz« der Pflanzen vor Schnee und Regen geschützt.

- Noppenfolie verhindert, dass der Erdballen der draußen überwinternden Kübelpflanzen durchfriert.

- Noch ist es Zeit, die Hyazinthenzwiebeln zu setzen. Tipp: Mischen Sie verschiedene Sorten und pflanzen Sie in Gruppen von mindestens einem Dutzend.

- Töpfe mit Wild- oder Gartenstauden und die vorbereiteten Zwiebelblumen-Kästen können draußen überwintern. Man packt sie in mit Laub gefüllte Kisten und deckt sie mit Reisigzweigen ab.

- Gartenheidelbeeren vergreisen schnell. Alle drei oder vier Jahre ist ein Auslichtungsschnitt fällig.

- Gleich nach der Ernte der Kiwis, Anfang November, umhüllt man den Stamm der frostempfindlichen Pflanzen mit mehreren Lagen Zeitungspapier.

- Spargelkraut wird mit dem Spaten abgestochen. Zweigen Sie ein paar Stängel mit besonders vielen roten Beeren für die Vase ab.

- Blattschäden an den wintergrünen Stauden im Steingarten verhindert eine leichte Abdeckung aus Fichten- oder Tannenreisig.

November

Garten und Natur   Wetter, Pflanzenentwicklung, Besonderheiten

Aussaat und Pflanzung   Blumen, Rosen, Gehölze

Aussaat und Pflanzung Gemüse, Kräuter, Obst

Blüte, Blatt und Frucht Blumen, Rosen, Gehölze

November

Ernte   Gemüse, Kräuter, Obst

Krankheiten und Schädlinge

Blick über den Zaun Tipps aus fremden Gärten

November

Pläne, Wünsche, Ideen

Dezember

»Dezember ohne Schnee
tut erst im Märzen weh«

Dezember

Gärtnern mit den Händen in den Taschen

»Ja, kann man denn die Hände in die Taschen stecken und einfach im Garten herumgaffen?«, fragte der leidenschafliche Gärtner und Kolumnist Karel Capek[1] angesichts der vielen Arbeit verzweifelt. Man kann! Auch wenn der Gartenkalender empfiehlt, im Dezember den Kompost umzusetzen, die Zwetschgenbäume zu schneiden und Unkräuter mit Kalkstickstoff zu bekämpfen. Dafür ist im Januar auch noch Zeit, und so hat man endlich Muße! Ganz anders übrigens als die Natur. Dort laufen die Vorbereitungen für das Frühjahr bereits auf Hochtouren,

und wer winterliche Ruhe vermutet, hat nicht genau genug hingesehen. Die **Gänseblümchen** schieben im Rasen laufend junge Blätter und bilden schon breite Rosetten. Am Stängelgrund der eben verblühten **Herbstchrysanthemen** zeigt sich neues Grün, und in den dick geschwollenen Fliederknopsen schlummert die nur einen halben Zentimeter große, aber vollkommen ausgebildete Blüte. Die bereits erblühte **Schneekirsche** *(Prunus subhirtella)* vertraut ihre Pollen dem Wind an. Statt nützliche Insekten anzulocken, verschwendet sie ihre Schönheit an Gärtner, die pflichtvergessen herumstehen und mit beiden Händen in den Hosentaschen das Winterwunder bestaunen.

Christrosen aus dem Garten blühen nur selten schon an Weihnachten. Die Pflanzen brauchen kalkhaltige Erde.

Dezember

Schon wieder Rosen?

Mitnichten! **Christrosen** gehören nicht zu den Rosengewächsen und, das sei gleich hinzugefügt, sie blühen auch nur ausnahmsweise zum Christfest. Die Schwarze Nieswurz *(Helleborus niger)* stammt aus der Hahnenfuß-Familie. Die weißen oder porzellanrosa Schalenblüten der meisten Sorten erscheinen erst zum Jahreswechsel; durch eine Abdeckung mit Laub lässt sich die Blüte manchmal auf Weihnachten vorverlegen. Das unschuldig im Schnee aufblühende Gewächs hat es in sich, der Gattungsname macht keinen Hehl daraus: »Helein« bedeutet: töten, »bora«: die Speise. Schon drei reife Samenkapseln gelten als bedenklich, deshalb wird die alte Heilpflanze heute nur noch in homöopathischer Dosierung verabreicht. Die Christrosen, die im Dezember das Blumengeschäft beleben werden allesamt im Gewächshaus vorgetrieben. Die Stiele der Schnittblumen ritzt man mit einem scharfen Messer ein, damit die von einer Wachsschicht überzogenen Stängel das Wasser besser aufsaugen können. Getopfte Pflanzen überstehen die trockene Heizungsluft im Wohnzimmer und können nach dem Verblühen in den Garten gepflanzt werden. Die ehemaligen Waldpflanzen lieben den lichten Schatten und einen kalkhaltigen, mit viel Humus angereicherten, aber wenig gedüngten Boden. Nicht nur für die Gewächshaus-Christrosen gilt: Alle frisch verpflanzten Sorten reagieren sensibel auf die Ortsveränderung und blühen meistens erst im übernächsten Winter wieder.

---

[1] Karel Capek, Gartenbrevier, 1929

Duftende Treibhyazinthen und Amaryllis sind eine hübsche Alternative zu gekauften Schnittblumen.

Dezembervergnügen – was man so alles treiben kann

Am vierten Dezember ist Barbaratag. Traditionell werden an diesem Tag Zweige vom Kirschbaum geschnitten und im Zimmer zum Blühen gebracht. Auf den genauen Termin kommt es dabei nicht an, wartet man aber zu lange, blühen die **Kirschen** bis Weihnachten nicht mehr auf. **Forsythie, Kornelkirsche, Hamamelis, Blutjohannisbeere, Pfirsich** und **Zierquitte** eignen sich genauso gut zum Treiben. Damit es später keine Enttäuschung gibt, achtet man schon beim Schnitt darauf, dass genügend Blütenknospen (erkennbar an der runden, pralleren Form) vorhanden sind. Bei Frost sollte nicht geschnitten werden. Man stellt die Zweige zunächst für ein oder zwei Tage in einen kühlen Raum und holt sie erst dann ins Warme. Ein mehrstündiges Bad in etwa dreißig Grad Wasser beschleunigt den Austrieb.

Dezember

Maiglöckchen duften zum Jahreswechsel

Maiglöckchen mitten im Winter – vor gut hundert Jahren wusste man noch, wie das geht. Die Anzucht ist verblüffend einfach und es verwundert, dass diese Art der Blütentreiberei fast vergessen ist. Da sich die Pflanzen im Garten fast wie Unkraut ausbreiten, schadet

Stechpalmenzweige und Stumpenkerzen sorgen für Weihnachtsstimmung auf der Terrasse.

es auch nicht, wenn man jetzt ein paar Ausläufer ausgräbt. Zu finden sind sie leicht, denn zwischen den verbräunten Blättern stehen noch die dürren Stängel mit den roten Beeren. Man sticht mit der Pflanzkelle das Wurzelgeflecht rund um den Stiel ab und pflanzt sie in sandige Erde. Etwa zehn Stück der Geflechte passen in einen Topf mit zwölf Zentimetern Durchmesser. Vorsicht: Am Stängelgrund sind bereits die Keimspitzen zu erkennen. Sie dürfen nicht verletzt und müssen so tief eingepflanzt werden, dass sie gerade noch mit Erde bedeckt sind. Nun stellt man die Töpfe an einen kühlen Ort und hält sie gut feucht. Sobald der neue Austrieb erkennbar ist, erfolgt der Umzug in ein beheiztes Zimmer. Bis zum Aufbrechen der ersten Glöckchen vergehen noch ein bis zwei Wochen. Stellt man die Töpfe dann wieder kühler, hält der Blütenflor länger an.

Balkon und Terrasse im Winterschmuck

Wenn Sie jetzt auf der Suche nach ein wenig Adventsschmuck für die Kübelpflanzen auf der Terrasse oder den Balkonkasten am Fensterbrett sind, machen Sie doch einen kleinen Rundgang durch den Garten. **Getrocknete Gräser, Fruchtstände von Stauden, Kiefernzapfen,** aber auch **Hopfen-, Clematis-** und **Efeuranken** oder eine skurril geformte **Wurzel** bieten sich zum Dekorieren an. Aus den Ruten des **Hartriegels,** biegsamen **Weidenzweigen** oder **Rebenholz** lassen sich einfache Sterne oder kleine Kränze flechten. Im Schuppen findet sich bestimmt noch eine Rolle mit naturfarbenem oder buntem Bast, mit dem sich dicke, **hohle Schilfrohrstängel** zu kleinen Päckchen bündeln lassen. Rote **Äpfel** und vielleicht ein paar **Walnüsse** ergänzen das Arrangement. Mit grünem Bindedraht befestigt man die natürliche Dekoration unsichtbar an den immergrünen Zwerggehölzen oder rasch in Töpfe und Kästen gesteckten Tannenzweigen. Dicke rote Stumpenkerzen sorgen am frühen Abend für romantische Beleuchtung, praktischer sind wind- und wasserfeste Lichterketten für den Außenbereich.

Gehölze mit schöner Rinde

Nach dem Laubfall offenbaren manche Gehölze ihr »zweites Gesicht«. Dann kann man die aparte Struktur oder auffallende Färbung der Rinde bewundern. Der Purpurhartriegel trumpft mit scharlachroten Trieben auf, die des Gelben Hartriegels leuchten giftgrün. Die silbergrau gemusterte Rinde des Streifenahorns wirkt wie Schlangenhaut, die des Zimtahorns rollt sich rotbraun von den Zweigen ab. Der Grüne Weißdorn beeindruckt durch hell glänzende, silbergraue Triebe.

Wintermenü für Amsel, Spatz und Zaunkönig

Die ökologisch sinnvollste Hilfe für überwinternde Vogelarten ist ein naturnah gestalteter Garten. Bei geschlossener Schneedecke oder Dauerfrost ist die Nahrungssuche für die Vögel aber schwierig, und viele der bereits geschwächten Tiere überleben längere Kälteperioden nicht. Außerdem lässt sich die lebhafte Gesellschaft aus Kohlmeisen, Spatzen und Amseln an der Winter-Futterstelle besonders gut beobachten und Hobbyfotografen gelingt dabei mancher Schnappschuss. Damit sich die Vögel schon vor den Notzeiten an den Futterplatz gewöhnen, legt man bei Wintereinbruch immer wieder ein wenig »gemischte Kost« für alle Körner- und Weichfutterfresser aus. Getreideflocken, Erdnüsse und ein wenig frisches Obst oder getrocknete Rosinen sollten schon bei Tagesanbruch bereitstehen. Ebenfalls eine gute Möglichkeit: Hängen Sie statt

gekaufter Meisenknödel und Hirsekolben selbst gesammelte **Wildbeeren,** Hagebutten, getrocknete Sonnenblumen, Mohnkapseln und kleine Tontöpfe mit ungesalzenem **Rindertalg** oder **Kokosfett** in die Sträucher oder an das Küchenfenster.

Wintersonnwende und Raunächte

Am 21. Dezember ist **Julfest,** also Wintersonnwende. Bis zum Mittelalter wurde dieser Tag gebührend gefeiert und dann, mit allen Gebräuchen, kurzerhand dem christlichen Weihnachtsfest einverleibt. Noch heute sollte man aber an genau diesem Tag die eingelagerten Zwiebeln prüfen. Mit ihnen lässt sich prima orakeln: Sind die Schalen papierdünn und fein, kommt bald das Frühjahr. Dicke Häute weisen

Dezember

auf einen langen und sehr strengen Winter hin. Ebenfalls am Julfest schmückt man die Eingangstür mit einem Mistelzweig. Wer geküsst werden will, sollte den Zweig nicht zu hoch hängen, denn Küssen darf nur, wer zuvor eine Beere gepflückt hat. Sind keine Beeren mehr übrig, ist Schluss mit der Küsserei. Nach keltischer Überlieferung beginnen jetzt auch die **zwölf Raunächte,** später wurde der Anfang auf den zweiten Weihnachtsfeiertag verlegt. Viele geheimnisvolle Los- und Orakelbräuche

sollen die Zukunft deuten. Außerdem glaubt man, wie sich das Wetter an dem auf eine Raunacht folgenden Tag zeigt, so wird der zugehörige Monat. Der Tag nach der ersten Raunacht liefert also Anhaltspunkte für den Witterungsverlauf im Januar; ist die Silvesternacht mild und nass, steht ein regnerischer Juni bevor. Am besten handhabt man die keltische Wettervorhersage wie das Horoskop: Gute Prognosen werden freudig akzeptiert, alles andere lässt man auf sich zukommen.

Die Mistel ist Kult- und Heilpflanze zugleich und gilt in der Adventszeit als Zeichen der Freude und Liebe.

Vitamine von der Fensterbank

Keime und Sprossen von der Fensterbank sind wahre Kraftpakete. Wenn im Dezember mangels Licht selbst die Zimmerpflanzen ein wenig kümmern, entfalten sie in wenigen Tagen ihren Spross. Sie enthalten deutlich mehr Vitamine als Treibhaussalat und »High-Tech-Tomaten« und sind beiden auch im Geschmack weit überlegen. Zum Keimen eignen sich nicht nur die verschiedenen **Getreidearten,** sondern auch **Sojabohnen,** grüne **Mungbohnen** und **Berglinsen.** Hinzu kommen viele Samen, deren Pflanzen sonst nur in ausgewachsenem Zustand verzehrt werden. **Rettich-** oder **Radieschen-, Brokkoli-** und **Rotkohlsprossen** schmecken würzig und haben ein leicht senfartiges Aroma. Etwas länger zum Keimen brauchen **Sonnenblumenkerne** und **Kichererbsen.** Spezielle Keimsaaten gibt es überall im Handel, ebenso keimfähig sind aber auch die ganz normalen Linsen oder der Vollkornweizen aus dem Bioladen. Praktisch sind die mehrstöckigen Anzuchtgefäße aus Plexiglas oder

Ton, simple Marmeladen- oder Einweckgläser, die mit Gaze bespannt wurden, eignen sich ebenso gut.

> *Das alles ist der Garten. Wer sich einmal auf ihn eingelassen hat, wird kein Ende in ihm finden.* BARBARA FRISCHMUTH

Kontrollgang im Obstgarten

Wer beim Kontrollgang durch den Obstgarten ungewöhnlich dicke, kugelrund geschwollene Knospen an den **Johannisbeersträuchern** entdeckt, braucht kein Orakel bemühen. Auch so ist vorhersehbar, dass die Ernte im nächsten Jahr geringer ausfallen wird. Die Sträucher wurden von der **Johannisbeergallmilbe** befallen, und dort, wo sonst die Blütenanlagen auf den neuen Frühling warten, sitzen Tausende winziger, mit bloßem Auge kaum sichtbarer Spinnentierchen mit ihren Eiern. Bricht man alle Rundknospen aus, kann man auf weitere Bekämpfungsmaßnahmen meist verzichten. Machen Sie sich aber am besten gleich einen Vermerk im Kalender: Eine Austriebsspritzung mit Netzschwefel, Algenkalk und Tonerde im Frühjahr, kurz vor der Blüte, verhindert den erneuten Befall. Ebenso leicht ausfindig zu machen sind die Raupen der **Schadschmetterlinge** wie **Goldafter** und **Baumweißling.** Sie umhüllen die vertrockneten Blätter an den Trieben der Obstgehölze mit einem feinen Gespinst. Man entsorgt die Raupennester im Müll oder verbrennt sie im Kamin. Entfernen Sie bei Ihrem Kontrollgang auch gleich alle verschrumpelten Äpfel, Kirschen und Pflaumen. Die **Fruchtmumien,** die jetzt noch an den Zweigen hängen oder auf dem Boden liegen, können Monilia und andere Pilzkrankheiten übertragen.

Wichtig im Dezember

Die Töpfe der Kübelpflanzen, die draußen überwintern können, auf Holzklötzchen stellen und mit Kokosmatten umwickeln. An milden Tagen gießen.

Die neuen Pflanzenkataloge und Sortenlisten bestellen – oft dauert es mehrere Wochen, bis sie endlich eintreffen!

Glücksklee im Topf nicht an die Heizung stellen. Wenn die Tage milder werden, können die Pflanzen an einen geschützten Platz im Garten umziehen.

Weihnachtsbäume im Topf nicht mit Kunstschnee besprühen. Dreimal wöchentlich gießen. Vor dem Auspflanzen muss sich der Baum im Carport oder auf der an die Außentemperatur gewöhnen.

Leere Blumenkästen und Töpfe säubern und zusammen mit jetzt ebenfalls nicht mehr gebrauchten Gießkannen an einem frostgeschützten Ort lagern.

Wer Lust hat, beginnt jetzt mit dem Obstbaumschnitt. Viele Obstbau-Beratungsstellen bieten um diese Zeit Schnittkurse an.

Hängen Sie die gereinigten Vogelnistkästen wieder in die Bäume. Meisen, Trauerschnäpper und andere heimische Vogelarten nutzen sie zum Übernachten.

Dezember

Garten und Natur   Wetter, Pflanzenentwicklung, Besonderheiten

Aussaat und Pflanzung   Blumen, Rosen, Gehölze

Blüte, Blatt und Frucht   Blumen, Rosen, Gehölze

Ernte   Gemüse, Kräuter, Obst

Dezember

Krankheiten und Schädlinge

Blick über den Zaun   Tipps aus fremden Gärten

Dezember

Pläne, Wünsche, Ideen

Register

Register

Bildnachweis:

Borstell: 1, 2/3, 8, 10, 17, 29, 32, 39,
    44, 69, 70, 82, 108, 109, 111ol, 121,
    122, 123, 150
GBA/GPL: 52, 137, 148
GBA/Perder: 65
GPA/Noun: 79
Krohme: 22
Pforr: 18, 19, 20, 51, 124
Reinhard: 7, 21, 30, 41, 68, 94, 96o,
    112, 138, 140, 149, 152
Rupp: 11, 12, 27, 31, 40, 43, 53, 54,
    55, 66, 67, 80, 81, 84, 95, 96ul, 97,
    98, 107, 110, 111ur, 126, 127, 135,
    136, 139
Seidl: 28, 56, 93
Strauß: 9, 42, 83, 125, 147

BLV Verlagsgesellschaft mbH,
München Wien Zürich

© 2003 BLV Verlagsgesellschaft mbH
München

Umschlagfotos: Ursel Borstell
Umschlaggestaltung: Anja Masuch,
Puchheim bei München

Layoutkonzept: Sabine Fuchs,
München-Riemerling

Lektorat: Dr. Thomas Hagen
Herstellung: Hermann Maxant

Layout: Anton Walter, Gundelfingen
Satz: DTP-Design Walter,
Gundelfingen

Reproduktionen: Repro Ludwig
Prepress & Multimedia GmbH,
Zell a. See

Printed in Germany ·
ISBN 3-405-16608-X

Know-how für die Gartenpraxis

Inga-Maria Richberg
**Altes Gärtnerwissen
wieder entdeckt**
Mit einfachen Hilfsmitteln alltägli-
che Gartenprobleme lösen: Kennt-
nisse und Erfahrungen, mit denen
bereits unsere Vorfahren erfolgreich
gärtnerten – überprüft im Hinblick
auf den heutigen Wissensstand.

Handbuch Garten
Das umfassende Nachschlagewerk
für alle Fragen der Gartenpraxis:
die ganze Gartenbibliothek in
einem Band, jetzt komplett neu
erarbeitet und noch mehr auf die
Anforderungen der Praxis abgestimmt; fundiertes Know-how von
14 anerkannten Experten zu allen
Themen rund um den Garten.

Wolfram Franke
**Gartenpraxis
Schritt für Schritt**
Das Basiswissen für die erfolgreiche
Gartenarbeit – Schritt für Schritt
leicht nachvollziehbar: Boden be-

arbeiten, Pflanz- und Pflegearbeiten
im Nutz- und Ziergarten, Rasen anlegen und pflegen, Pflanzen vermehren und vieles mehr.